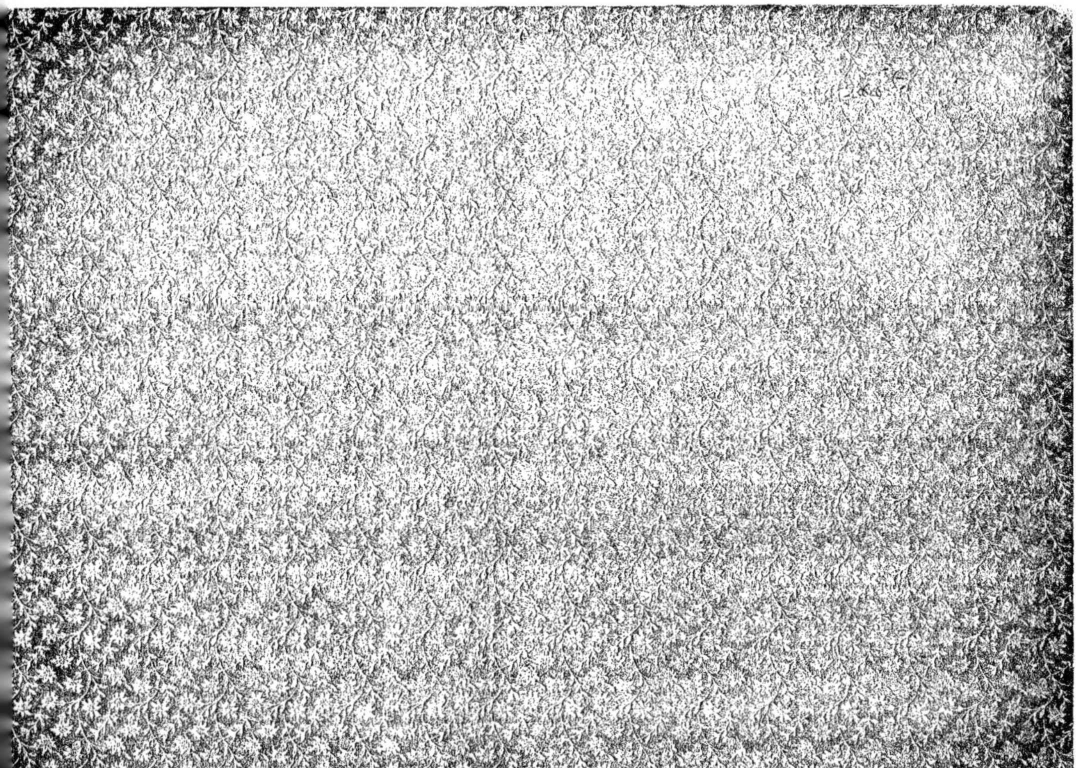

4e série des Guides Boillot-Robert. Phototypie H. Speiser, Bâle.

PLACE DE LA CONCORDE A PARIS.

4e série des Guides Boillot-Robert. | Phototypie H. Spreiser, Bâle.

PLACE BELLECOUR A LYON.

4e série des Guides Boitel-Robert. Phototypie H. Spelser, Bâle.

LA BOURSE ET LA CANNEBIÈRE A MARSEILLE.

4e série des Guides Baillet Robert.

Phototypie H. Spaiser, Bâle.

STEAMER L'AUVERGNE DE LA C^IE DES TRANSPORTS MARITIMES.

Le série des Guides Baillet-Robert. Phototypie H. Speiser, Bâle.

ALGER, VUE DE L'AMIRAUTÉ.

4e série des Guides Boillot-Robert. Phototypie H. Sneiser, Bâle.

ALGER. LE THÉATRE.

Is série des Guides Boillot-Robert. Phototypie H. Speiser, Bâle.

ALGER, RUE KLÉBER.

In série des Guides Boitier-Robert. Phototypie H. Speicer. Bâle.

ALGER, LA CATHÉDRALE.

4e série des Guides Baillot-Robert. Phototypie B. Speiser, Bâle.

ALGER, BOULEVARD DE LA RÉPUBLIQUE.

ALGER, SUR LE PORT.

de série des Guides Baillot-Robert. Phototypie H. Speiser, Bâle.

NOTRE-DAME D'AFRIQUE.

4e série des Guides Boitiat-Robert. Phototypie H. Sprisor, Blb.

BLIDAH.

4e série des Guides Baillot-Robert. Phototypie H. Spriser, Bâle.

LE BOIS SACRÉ A BLIDAH.

4e série des Guides Baillot-Robert. Phototypie H. Soeiser, Bâle.

LES GORGES DE LA CHIFFA.

4e série des Guides Boillot Robert. Phototypie B. Speizer, Bâle.

TOMBEAU DE LA REINE A COLÉA.

4e série des Guides Boillot Robert. Phototypie H. Speiser, Bâle.

ORAN, L'HOTEL DE VILLE.

4e série des Guides Boillot-Robert. Phototypie H. Speiser, Bâle.

ORAN, FONTAINE DE LA MOSQUÉE.

4e série des Guides Boitte-Robert. Phototypie H. Sprisser, Bâle.

ORAN, LE CHATEAU-NEUF.

4e série des Guides Boiton Robert.

Phototypie H. Spalzer, Bâle.

VILLAGE NÈGRE A ORAN.

4e série des Guides Boillot-Robert. Phototypie H. Speiser, Bâle.

FERME CAID EL SEBT.

4e série des Guides Boillot-Robert.

Phototypie H. Spoerer, Bâle.

DOMAINE STE-LOUISE.

4e série des Guides Boillot-Robert. Phototypie H. Speiser, Bâle.

LE RUISSEAU DES SINGES.

4e série des Guides Boillot-Robert. Phototypie H. Speiser, Bâle.

VILLAGE ARABE.

DE
PARIS A ALGER ET ORAN

TABLE DES MATIÈRES

De Paris à Marseille.

Paris. — Boulevards un matin de Décembre.

Vous est-il jamais advenu de ressentir dans Paris, à cette époque morose, la plus triste de l'année, la plus accablante dans sa morne atmosphère, l'étrange et saisissante torpeur qui, se glissant à la faveur d'un brouillard suintant l'au-delà, envahit après le corps, l'âme dans une même enveloppe de frisson et de tristesse, pénétrant les moelles d'un glaçon aigu, et l'esprit d'une profonde mélancolie?

Eh bien, c'est dans cette lamentable situation que je me trouvais un matin de décembre, boulevardant sans projet, sans pensée, sans but, guidé par une sorte d'*influenza de spleen*, lorsque je rencontrai mon excellent ami, Gaston de R., que j'avais perdu de vue depuis plusieurs années, et qui s'élança dans mes bras avec une exclamation de vive surprise :

— Comment ! toi ici. Ah ! que je suis heureux..... mais, qu'as-tu donc ! on dirait à te voir, un visage d'enterrement..... tu n'es cependant pas souffrant..... voyons, réponds ?

— Non ! mais je m'ennuie à mourir et j'ai froid dans ton Paris, où depuis quinze jours qui m'ont paru des mois, je ne respire que cette buée lourde et oppressante, qui me glace jusqu'aux os et paralyse l'effort même que tente ma gaîté habituelle ! Ce qui me manque par dessus tout, mon cher, c'est un rayon de soleil, de ce soleil vivifiant qui réchauffe le cœur et anime si bien l'esprit, qu'il le rend plus gai et plus généreux encore.

— Si ce n'est que cela, reprit mon aimable interlocuteur, point n'est besoin de consulter nos sommités médicales pour trouver un remède à ton mal : prends bien vite un billet pour Marseille, et embarque-toi plus vite encore, à bord d'un paquebot en partance pour Alger.

Je connais cet admirable pays, que l'on veut toujours revoir quand on l'a connu ; là tu renaîtras, là tu trouveras le ciel toujours limpide et pur que tu cherches, là encore tu recevras avec abondance les douces et chaudes effluves d'un soleil toujours gai, toujours souriant qui te ranimera, en remettant sur ton visage la pourpre sur laquelle notre vilain brouillard de Paris a jeté comme un masque de cire.

Et mon ami me parla de l'Algérie avec un tel enthousiasme, d'une voix si convaincue, et devenant si convaincante, que je me décidai à suivre ses excellents conseils. Quelques jours plus tard, il m'accompagnait à la gare de Lyon, où je prenais l'express de 7 h. 15 pour Marseille.

Pour ceux de nos lecteurs, qui ne connaissent de ce parcours de Paris à Marseille, que ce que le rapide leur laisse entrevoir dans sa course vertigineuse, accomplie dans la nuit, j'essayerai de leur en retracer les points les plus intéressants, mais d'une façon fort succinte, tels d'ailleurs que je les trouve dans mon carnet de notes de voyage, alors que je fis ce trajet en touriste.

Je cite :

Melun. — Ancienne capitale du Gâtinais français. Eglise de Saint-Aspais (XVIe siècle), remarquable par ses vitraux peints, et derrière laquelle s'élève la maison où Jacques Amyot naquit le 30 octobre 1514; à 6 kilomètres au N.-E. s'élève le château de Vaux-Praslin, construit par Levau pour le surintendant Fouquet, avec un parc dessiné par Le Nôtre, célèbre architecte.

Fontainebleau. — Assise au milieu de la superbe forêt de ce nom. Son château, construit par François Ier, sur les ruines d'un ancien manoir féodal, restauré par Henri IV, Louis XIV, Napoléon Ier, Louis-Philippe et Napoléon III, est un des plus beaux de l'Europe. Ce château a été le théâtre de plusieurs événements historiques : Louis XIII y naquit; Louis XIV y signa, en 1685, la Révocation de l'Edit de Nantes; le Grand-Condé y mourut, et Napoléon Ier y signa son abdication le 30 mars 1814. La forêt d'une contenance d'environ 17,000 hectares, et de 90 kilomètres de pourtour, est surtout célèbre par ses magnifiques futaies et par ses rochers.

Montereau. — Au confluent de l'Yonne et de la Seine. C'est sur ce fameux pont que fût assassiné Jean-sans-Peur, par ordre de Charles VII, en 1419. A l'extrémité de ce pont a été érigée la statue équestre de Napoléon Ier, en souvenir de la fameuse bataille qu'il livra aux troupes wurtembergeoises lorsqu'il leur enleva la ville en 1814.

Sens. — A visiter la cathédrale de Saint-Etienne, bâtie sous Louis VII et Philippe-Auguste, est une des plus anciennes églises ogivales, elle renferme le Mausolée du Dauphin, père de Louis XVI.

Villeneuve-sur-Yonne. — Jolie petite ville, bâtie par Louis XII, en 1170. Monuments curieux à visiter. Vitraux remarquables des XIIIe et XIVe siècles.

Joigny. — Sur la rive droite de l'Yonne; on peut visiter le château du cardinal de Gondi, et l'Eglise Saint-Jean, bâtie au XVIe siècle. Vins renommés.

Tonnerre. — Digne d'intérêt, l'église Saint-Pierre (XIVe siècle), bâtie sur un rocher élevé. Hôpital, fondé par Marguerite de Bourgogne. Fosse Dionne, magnifique source qui va se jeter dans l'Armançon.

Les Laumes. — A trente minutes au S.-E., Alise-Sainte-Reine. C'est là que les historiens s'accordent à placer l'Alésia des *Commentaires,* où Vercingétorix fût vaincu par César (52 ans avant Jésus-Christ). Une statue de Vercingétorix, haute de 6[m],50, a été élevée sur le versant du mont Auxois; on la voit du chemin de fer.

Dijon. — Chef-lieu du département de la Côte-d'Or, ancienne capitale de la Bourgogne, au confluent de l'Ouche et du Suzon, et au pied du mont Afrique. La cathédrale de Saint-Bégnigne, rebâtie au XIe siècle sur le tombeau du saint-patron, renferme les mausolées de Philippe-le-Hardi et de Jean-sans-Peur. L'ancien Palais des ducs de Bourgogne (aujourd'hui Hôtel-de-Ville et Musée) a vu naître Jean-sans-Peur en 1371, Philippe-le-Bon en 1416 et Charles-le-Téméraire en 1433.

Beaune. — Eglise Notre-Dame XIIe et XIIIe siècles. Hôpital, chef-d'œuvre du XVe siècle, en partie construit en bois. Les vins de Beaune ont acquis une réputation universelle.

Châlons-sur-Saône. — Sur la rive droite de la Saône, à l'embouchure du Canal du Centre, qui relie cette rivière à la Loire à Digoin. Eglise Saint-Vincent, construite au XIIe et XIIIe siècles.

Macon. — Ancien Palais épiscopal; Hôtel-de-Ville; Hôpital, construit par Soufflot. Patrie de Lamartine. A 19 kilomètres, Saint-Point, château et tombeau de Lamartine.

Saint-Georges-de-Reneins, à 2 kilomètres de la Saône, sur les bords de laquelle se trouve le superbe domaine de M. Pierre Canard fils, maison universellement connue et réputée pour ses vins fins et grands crûs, classés comme les meilleurs du Beaujolais et de la Bourgogne.

Lyon. — Lugdunum des Romains, aujourd'hui capitale du Lyonnais. Chef-lieu du département du Rhône. Place de guerre de premier ordre, au confluent du Rhône et de la Saône. Lyon se divise en trois parties distinctes : entre les deux rivières, la ville proprement dite et le faubourg de la Croix-Rousse qui la domine; sur la rive droite de la Saône, les hauteurs de Fourvières, avec Notre-Dame de ce nom, lieu de pèlerinage, et le faubourg de Vaise; sur la rive gauche du Rhône, les faubourgs de la Guillotière et des Brotteaux. Monuments : Hôtel-de-Ville, un des plus beaux de l'Europe; Hôtel-Dieu, œuvre de Soufflot; églises : Saint-Jean et Saint-Nizier; l'Antiquaille, hôpital construit sur les ruines du Palais où naquirent Claude et Germanicus; Notre-Dame de Fourvières, pèlerinage célèbre qui occupe l'emplacement d'un Forum romain, et dont la tour porte une statue de la Vierge, haute de 5m,60. Des hauteurs de Fourvières, on jouit d'un magnifique panorama qui a pour fond de tableau, le Mont-Blanc et les Alpes.

A cinq kilomètres de Lyon, l'Établissement thermal de Charbonnières. *(Sources ferrugineuses.)*

Vienne, sur le Rhône, possède des antiquités romaines, restes de son ancienne splendeur, au temps des empereurs (temple d'Auguste et de Livie, construit en l'an X avant J.-C.).

Valence, sur la rive gauche du Rhône, belle cathédrale du XIe siècle. Maison des Têtes, très curieux édifice du XVIe siècle. Fontaine monumentale sur la Promenade du Cagnard, due à l'éminent architecte Poitou.

Montélimar. — Au confluent du Roubion et du Jabron. Ancien château (un des monuments militaires les plus anciens du Midi; sert aujourd'hui de prison); tour de Narbonne et ruines du château de Puygiron.

A quatre kilomètres de Montélimar se trouve la station thermale de Bondonneau. Eaux minérales très réputées.

Orange. — Ville très ancienne, qui renferme encore beaucoup d'antiquités romaines. L'arc-de-triomphe, haut de 22 mètres et large de 21 mètres, est un édifice fort remarquable, autant par ses dimensions imposantes, que par l'élégance et la variété de ses sculptures. C'est, du reste, un des plus beaux vestiges romains que nous ayons conservés.

A visiter : le Théâtre romain, monument le plus grandiose d'Orange. Il domine la Ville, et sa haute façade s'aperçoit à plusieurs lieues; elle mesure 183 mètres de longueur sur 36 mètres de hauteur. Louis XIV l'appelait la plus belle muraille de son royaume. Les ruines du Cirque romain dont les murailles subsistent encore en grande partie; on voit aussi les ruines de l'enceinte du vieux château des princes d'Orange, détruit par Louis XIV. Orange a été la capitale d'une principauté possédée par la maison de Nassau, depuis 1530 jusque sous Louis XIV.

Avignon, sur la rive gauche du Rhône, ressemble encore à une ville du moyen-âge, avec ses remparts, ses rues étroites et sombres. Le Palais des Papes, curieux spécimen de l'architecture militaire du XIVe siècle, sert aujourd'hui de caserne, et ne peut plus être visité qu'avec une permission de l'autorité militaire. Notre-Dame-des-Doms, église métropolitaine, construite sur les ruines d'un temple païen et réédifiée au XIIe siècle, renferme le tombeau du brave Crillon. Rocher des Doms, belle promenade d'où on jouit d'une vue magnifique, et au dessous duquel on voit les restes du fameux pont d'Avignon, construit par Saint-Benezet à la fin du XIIe siècle.

Tarascon, sur la rive gauche du Rhône. L'ancien château du roi René (aujourd'hui prison), date des XIVe et XV siècles. Il contient de fort beaux spécimens d'architecture de l'époque, notamment une tourelle d'escalier charmante. A remarquer aussi l'entrée de la Chapelle. Les salles sont ornées de plafonds en bois peint fort jolis. On a une très belle vue sur les environs de Tarascon, de la plate-forme du château, qui ne peut être visité sans une autorisation spéciale de la Mairie. Eglise Sainte-Marthe des XIIe et XIIIe siècles (Sainte-Marthe, dit la légende, délivra le pays d'un dragon appelé le Tarasque).

Arles a été la capitale de la Gaule romaine, puis du royaume de Provence. Riche en antiquités romaines (les ruines des Thermes, du Théâtre antique, du Cirque, du Forum, du Palais Constantin, la Cathédrale de Saint-Trophime); les Aliscamps, vaste nécropole célèbre dans l'antiquité; l'Amphithéâtre, le plus vaste de tous ceux que les Romains ont élevés dans les Gaules, restauré au cours de ce siècle, pouvait contenir environ 25,000 spectateurs. Aux environs, ruines imposantes de l'abbaye de Mont-Majour et ville abandonnée de les *Baux*, construite au moyen-âge, en partie à même le rocher, une des grandes curiosités de la France.

Entre Arles et Marseille, la ligne traverse la plaine de la Crau, 200 kilomètres carrés, ainsi nommée à cause des nombreux cailloux dont elle est couverte, elle côtoie ensuite l'étang de Berre et traverse le tunnel de la Nerthe (4,638 mètres de longueur), à la sortie duquel on a une vue splendide sur la Méditerranée.

Marseille. — Ancienne colonie grecque de Phocée, au fond d'une petite baie. Marseille est le premier port de commerce de la France sur la Méditerranée. La ville est protégée par les forts Saint-Nicolas et Saint-Jean, par les batteries de Notre-Dame-de-la-Garde, le Château-d'If et les batteries des îles Pomègue et Ratonneau.

Monuments : Palais de Longchamps, qui se compose de deux bâtiments renfermant les Musées d'histoire naturelle à droite, et des Beaux-Arts à gauche, reliés entre eux par une élégante colonnade en arc de cercle. Au centre de la colonnade est le Char de la Durance, au-dessous duquel s'étagent deux grands bassins, c'est là que se termine le canal qui amène à Marseille les eaux de la Durance. A visiter également, l'Hôtel-de-Ville, la Préfecture, la Bourse, magnifiques monuments dénotant de très belles lignes architecturales. L'église de la Major (ancien temple de Diane). La nouvelle cathédrale d'ordre néo-byzantin, commencée en 1852, et encore inachevée. La vieille église de Saint-Victor.

Promenades : Le Prado avec le Parc Borely et le Château de ce nom, qui renferme un magnifique Musée d'antiquités, la jolie route de la Corniche le long de laquelle s'étagent de superbes châteaux et villas; la jetée qui longe les immenses bassins de la Joliette dans lesquels sont abrités les grands et innombrables paquebots, chefs-d'œuvre du dernier luxe et du plus raffiné confortable, qui mettent Marseille en relations avec tous les points du globe; la colline Pierre Pujet, au sommet de laquelle s'élève la resplendissante chapelle de Notre-Dame-de-la-Garde d'où la vue embrasse un admirable panorama. Prendre l'ascenseur hydraulique qui du pied de la colline vous transporte au sommet; à une sensation étrange s'ajoute l'émotion d'une ascension qui sort du naturel.

Le départ de Marseille et la traversée.

Les personnes qui redoutent la mer ou que des affaires pressantes appellent en hâte en Algérie prendront de préférence le service de la Compagnie Générale Transatlantique afin de gagner quelques heures sur la traversée. Mais nous, qui voyageons en touristes, nous piquant quelque peu d'avoir le pied marin, et qui aimons à humer l'air saturé d'une saveur saline, et la brise embaumée de la Méditerranée, en même temps que nous préférons à un navire qui trépide sous l'action d'une marche accélérée, le doux et léger bercement d'un paquebot dont on ne pousse pas les feux, nous nous adressons à la *Société Générale de Transports Maritimes* à vapeur qui possède d'ailleurs une flotte d'excellents marcheurs.

Au bureau de la Compagnie nous sommes informés que le premier bateau en partance est le *Berry*. Dès la veille, nous retenons notre place, car ce navire étant un des favoris de la ligne, chacun se presse pour occuper les meilleures cabines.

Une heure avant celle fixée pour le départ qui, généralement, a lieu à six heures du soir, nous montons à bord; nous rencontrons sur le pont de nombreuses compagnes de voyage, et autant de compagnons de route devisant à haute voix sur les probabilités de la traversée, que chacun se plaît, bien plus par désir que par intuition, à considérer comme devant être très calme.

A cette heure en effet, et aussi loin que la vue peut s'étendre par delà le Frioul et le château d'If, pas une ride sur la mer. Il semble à cet instant, que l'on se trouve en présence d'une vaste nappe d'huile, recouvrant sans un repli, la table de Neptune.

C'est sous cet heureux augure, que la cloche du dîner nous convie à la table d'hôte soigneusement dressée et comparable à l'un des somptueux salons des restaurants de la Cannebière.

Le salon des premières est aménagé avec un luxe à la fois sévère et de bon goût, et où surtout domine la note du meilleur confortable.

Très spacieux, et abondamment aéré, on n'y retrouve pas cette atmosphère mélangée d'âcres senteurs d'huile échauffée ou de goudron en ébullition; le service est fort bien assuré, et c'est avec un empressement des plus louables, que les garçons répondent aux désirs souvent très capricieux des passagers.

Les appréhensions premières du mal de mer se dissipent bien vite sous l'entrain que le commandant du bord et ses officiers, qui prennent place à notre table, s'efforcent de provoquer, et qui, charmants dans leur double rôle de gardiens d'existences et d'hôtes, font oublier par leurs gaies saillies, les deux immensités entre lesquelles nous voguons, de ciel et d'eau. Aussi le dîner est-il des plus gais, et nous remarquons avec satisfaction, que tels visages s'animent peu à peu au feu du rire et de la bonne chair, colorant leurs joues, un instant auparavant blêmes et sans vie, du plus vif incarnat. Ce n'est que lorsque le commandant se lève, appelé par son service, que chacun songe à l'imiter, et, les dames, celles qui au commencement du repas se montraient les plus circonspectes, sont à la fin les mieux disposées; il n'était plus question de nausées, ni autres incommodités de ce genre, hum! on laissait ces faiblesses que l'on répudiait à cette heure, à d'autres moins habiles à se constituer un estomac de marin, et puis, avait-on jamais sérieusement eu quelque velléité de tomber dans ce ridicule travers de gens qui ne supporteraient même pas du haut d'un quai, la vue d'un navire tanguant ou roulant! Assurément pas, car ces dames semblaient toutes prêtes à défier l'équipage, voire le capitaine. Donner de la bande par dessus les bastingages à l'effet de soulager leur estomac, jamais!! on verrait la sardine qui, depuis un temps immémorial, s'obstine à boucher l'entrée du port de Marseille, quitter son mouillage, plutôt qu'une passagère du *Berry* donner aux poissons ce qu'elle a pris des poissons. Pour un peu, Monsieur le Commandant, vous n'aurez qu'à vous bien tenir, et, si par aventure, la mer, dans une de ces furies dont elle est parfois coutumière, enflait sa voix en tempête, bien vite quittez votre passerelle, descendez en votre cabine et confiez la direction et la responsabilité de votre navire à une dame du *Berry* : ce sera un nouveau pas vers l'émancipation de la femme; car, après les femmes docteur, les femmes avocat, les candidates à la députation, nous aurons les femmes capitaine au long cours, ce qui sera loin d'être banal.

Mais remontons sur la dunette avec la permission du commandant Sanmartin. Là, sous la voûte assombrie, piquée de myriades de points d'or, nous nous laissons peu à peu gagner par un envahissement qu'il serait difficile de définir, et bercé par cette douce et profonde poésie de l'âme flottant dans l'immensité de la nuit, c'est l'heure du recueillement où l'être humain, descendu en lui même, se sent saisi par la grandeur de l'infini qui l'environne; le bruit des conversations s'éteint dans des volutes dorées que la lune dessine sur la mer, nos regards se perdent, conduisant nos pensées vers le foyer que nous venons de quitter, et duquel nous nous sentons si éloignés déjà. Le bruit de l'hélice fendant de sa marche régulière et cadencée l'élément dans lequel elle se meut, répond seule à l'écho des pistons de la machine, et bat comme une marche funèbre qui ajoute encore à la mélancolie dont nous nous sentons pénétrés. Ce n'est que fort tard dans la nuit que nous songeons à nous séparer emportant avec nous l'impression saisissante de cette rêverie nocturne.

La nuit fut ce qu'elle promettait d'être, calme comme un lendemain de grande tourmente; à peine quelques flots, derniers vestiges de la brise qui nous faisait escorte depuis le départ, venaient-ils secouer contre les flancs du navire, leur crête couronnée d'une blanche écume; le journal du bord signala les feux du courrier Transatlantique se rendant à Marseille, ce fut le seul incident de la nuit.

La matinée elle-même se passa sans rien de saillant à mentionner, si ce n'est une bande de marsouins, luttant de vitesse avec le *Berry* et prenant leurs ébats, à la grande satisfaction des passagers, qui pendant une demi-heure purent contempler les sauts et plongeons de ces intéressants gymnastes de l'onde. Vers midi, les Baléares étaient signalées, découpant sur le bleu profond de la Méditerranée, leur croupe plombée et légèrement hérissée; au fur et à mesure que nous approchons, l'attention devient plus marquée, on se sent heureux de voir la terre, qu'à l'aide d'une imagination pleine d'un doux débordement, l'on parerait des couleurs les plus flatteuses, même si ce paysage ne se présentait que sous l'aspect d'un vaste bloc aride et de rochers grisâtres.

Enfin, nous nous engageons dans le vaste chenal qui sépare Majorque de Minorque, et avons sous les yeux le plus ravissant paysage qu'il soit permis de se représenter; l'effet panoramique est d'autant plus séduisant, qu'il devient plus varié à chaque tour d'hélice qu'actionnent les puissantes chaudières du *Berry* : et, cet effet bizarre d'un tableau qui se déroule sans cesse à nos regards, avec de nouveaux sites, nous remémore les riches décors d'un diorama.

Mais bientôt le tableau, si attachant qu'il soit, s'efface peu à peu, et finit par disparaître dans une vague ligne bleuâtre qui elle-même se confond avec l'horizon; il ne nous reste plus de cette apparition que le refrain des chants espagnols que nous envoient sur la crête herminée des flots, les pêcheurs en train de relever leurs filets; quelques mouettes aux ailes trempées dans un bain d'argent, nous jettent en passant leur cri troublé, comme celui d'une plainte, et, à bord tout reprend son aspect accoutumé, les uns se plongeant dans la lecture de romans dont les situations sont encore agrandies par le charme du balancement du navire, les autres se livrant aux passionnantes péripéties d'une partie de cartes.

La cloche du dîner nous tire de nos occupations diverses, et, c'est avec entrain, et possédés d'un appétit de loups de mer que nous prenons notre large part du festin succulent qui nous est servi; chacun y fait honneur, car à l'habitude contractée par un stage de vingt-quatre heures en qui serait suffisant à assurer des qualités haubiques aux plus récalcitrants, se joint un calme plat ne tolérant aucune défaillance. — Entre la poire et le fromage, un monsieur que pour la circonstance nous appellerons « Tartarin II », en raison du peu d'exagération qu'il apportait dans ses racontars, Tartarin II nous conta quelques-uns de ses exploits cynégétiques en Algérie, exploits desquels nous ne relèverons que celui-ci qui semble nous confirmer que Tartarin a fait école. Il s'agissait d'une battue organisée par les indigènes d'un douar du haut Djurdjura, douar qui recevait la trop fréquente visite de l'un des Princes du Désert, superbe lion qui décimait les troupeaux. Tartarin II, de passage dans ces parages, fut soudain pris du vertige de la gloire; songez donc, tuer un lion, un lion pour de vrai et non un vulgaire bourriquot, comme le héros d'Alphonse Daudet! Ne serait-ce pas s'illustrer à jamais! De génération en génération, on s'entretiendrait de ce fait de haute valeur; le buste élevé sur la grande place du village, devant l'église, à la mémoire du grand homme, verrait chaque année une procession se former pour fêter l'anniversaire de cette mémorable journée.

C'est dans cet état d'esprit que notre second Tartarin avait pensé se joindre aux batteurs de fourrés, non sans avoir préalablement donné un dernier coup d'œil de maître à l'arsenal dont il s'était muni, et qui alourdissait singulièrement sa marche. Mais, pour être plus sûr qu'aucun autre ne pourrait lui disputer sa proie, objet de sa vanité, le disciple de Tartarin, après s'être renseigné sur le lieu probable de retraite du redoutable félin, partit la veille de la battue sans prévenir personne. Le hasard, ou une fausse indication, le conduisit non loin d'un modeste gourbi, voisin de la forêt, et tout à coup, la lune entre deux nuages, projeta sur le sol, l'ombre démesurément grandie du fauve en question. Pendant un instant, un long frisson glaça d'effroi notre trop téméraire chasseur, mais ainsi que cela se passe chez les gens du midi, pour une seconde d'hésitation on en a deux de sang-froid; et c'est dans ces deux dernières que notre héros, sublime et valeureux, pressa la détente de son fusil chargé d'une cartouche à balle conique avec pointe d'acier. Un éclair, un déchirement de l'air et un rugissement formidable suivi d'une chute lourde sur le terrain, et Tartarin II, dans une extase débordante d'ivresse, put contempler le fauve encore râlant et tressautant dans les derniers spasmes de l'agonie, mais qui devait servir de socle à sa valeureuse renommée.

Ce n'est pas dans cette forme assurément que l'histoire nous fut contée, vous le devinez bien; car notre beau conteur avait appelé à lui toutes les réserves que la bravoure sait mettre dans le langage d'un heureux, tandis qu'à notre droite, l'administrateur de la Commune annexe de X***, au sein de laquelle cet exploit avait eu lieu, nous donna, très discrètement d'ailleurs, le fin mot de l'histoire. L'atroce sanguinaire qui semait la terreur dans le douar en égorgeant chaque nuit un bœuf ou une brebis, et que, dans un coup d'audace et de témérité, la balle de Tartarin II venait de terrasser, n'était autre qu'une pauvre vieille lionne aveugle et sur le déclin, que les indigènes de l'endroit allaient promener de ville en ville, attachée ainsi qu'un pauvre toutou cagneux, et pour laquelle exhibition, ils récoltaient, ainsi que les hurleurs d'ours, quelques maigres aumônes. En tuant la lionne aveugle, vous avez coupé les vivres à ces pauvres mesquines, Monsieur Tartarin, vous leur devez réparation!

C'est sur cette impression que nous nous retirons, n'ayant que quelques heures à attendre d'un sommeil réparateur.

L'arrivée à Alger.

Quatre heures du matin. La cloche en proue tinte ses huit coups égaux, donnant le signal du relevé de quart. Un bruit de pas cadencé, puis une voix de commandement et les matelots prenant le nouveau quart ont déjà gagné leurs postes respectifs.

La veille, au dîner, le Commandant en parlant de la brise qui appuyait le *Berry* par le flanc de tribord, avait dit : « Si le Nord-Est » se maintient dans son frais, je parie mille pastèques de Carthagène, contre une soubressade de Palma, que nous mouillerons » sur le coup de sept heures ». Cette assurance avait tenu les esprits éveillés, et, bien que la traversée de Marseille à Alger s'effectue en trente heures, l'anxiété de l'arrivée empoigne les passagers peu habitués à naviguer, comme s'il s'agissait pour eux de mettre le pied sur la terre promise ; aussi, bien avant que l'horizon terrestre ne soit signalé par la vigie, un va et vient des cabines se dessinait de toutes parts. On éprouvait déjà je ne sais quel sentiment de satisfaction que donne l'approche d'un rivage ou que l'on pressent derrière le rideau épais des buées matinales que dégage l'onde amère. Peu à peu cependant, l'obscurité de la nuit faisant place à l'aube matinale, on finit par distinguer dans le lointain, comme un nuage vague d'abord et qui prend au fur et à mesure que nous avançons, une forme moins vaporeuse. C'est la terre ! nous dit le Commandant, et aussitôt chacun de s'exercer à l'aide de jumelles, à définir les contours qui se développent à nos regards au fur et à mesure que le *Berry* poursuit sa marche. Le phare Caxine, dresse sur tribord son buste blanc baignant son pied de roc dans les flots de la Méditerranée, et Phébus, sur babord, dore déjà les hauteurs assombries du Cap Matifou ; nous ne sommes plus qu'à quelques milles d'Alger. Saint-Eugène, riant village, s'esquisse au bas des verdoyants contreforts de la Bouzaréah, tandis que l'église de Notre-Dame d'Afrique domine ces coteaux, donnant comme un avant-goût des surprises que nous réserve Alger-la-Blanche. Enfin, le bloc d'albâtre rayé de bleu de la Casbah, apparaît comme un doux chatoiement à nos regards éblouis, puis, dans leur teinte grisâtre, s'élancent dans la mer, comme deux bras gigantesques, les jetées du port d'El Djezaïr (Les Iles, ainsi que se nommait Alger avant la conquête), et, dans le fond, dernier plan de ce ravissant tableau, s'élèvent les riants coteaux de Mustapha, émaillés de mille villas éclatantes de blancheur, et que dominent dans une ceinture de verdure, le Fort l'Empereur et le Splendid Hôtel. En ce moment, le coup d'œil est absolument féerique et nous nous sentons véritablement saisis par ce spectacle unique. Devant nous, la Blanche Mosquée et le Palais Consulaire ; puis le Boulevard de la République aux riches constructions, coupé dans son parcours par les palmiers resplendissants du Square-Bresson, donnant la note élégante et tranchante du Quartier-Européen, sur lequel s'étagent en amphithéâtre les uniformes habitations de la domination des Deys.

Les quais retentissent déjà des cris et du brouhaha des centaines de travailleurs du port, tandis que sous la marquise de la gare de la Compagnie Paris-Lyon-Méditerranée un coup strident de sifflet déchire l'air, annonçant le départ du train pour Oran. Il est 6 h. 45 ; le Commandant a gagné la soubressade de Palma.

Au moment de débarquer, un incident burlesque couronna notre trop paisible traversée. Une jeune Anglaise descendait l'échelle qui conduit du pont aux embarcations destinées au transport des passagers du navire au quai, lorsque, arrivée à la dernière marche, un coup de roulis lui fit perdre l'équilibre, et avant qu'une main secourable ne se fut tendue pour prévenir sa chute, l'infortunée, adressant une révérence quelque peu accentuée à la très accueillante Alger, plongea à la façon des pêcheurs d'oursins. Déjà un vigoureux batelier, fils du Coran, se jetait à la mer pour sauver l'Helyett du *Berry*, que celle-ci pour cacher sa confusion, faisait force de bras pour gagner le quai, fort heureusement, peu éloigné de nous. Elle y parvint sans peine et disparut sous les portes du bâtiment de la Douane, non sans avoir jeté auparavant un regard irrité à ceux qu'elle venait de quitter d'une aussi grotesque façon.

Après avoir débarqué, nous mettre en quête d'un hôtel, n'est pas chose difficile. Les hôtels abondent à Alger, et parmi ceux-ci nous mentionnerons les hôtels de l'Oasis, de l'Europe, de la Régence, du Louvre, de Genève, etc., etc., et qui ne se trouvent qu'à quelques pas du débarcadère. Nous n'avons que l'embarras du choix, car chacun de ceux que nous venons de citer, joignent à la meilleure renommée une modicité de prix que l'on n'obtiendrait peut-être pas dans les hôtels de la vieille Europe.

Alger.

Par 36° 49' de latitude et 3° 35' de longitude Est, **Alger-la-Gracieuse** étale ses formes de Sultane, dont la tête repose mollement sur un bourrelet formé par la Casbah, et les pieds baignant dans l'azur sans mélange de la caressante Méditerranée.

Alger se divise en deux parties bien distinctes : la *Ville Arabe*, qui remonte à l'époque de *Yusuf Zéri*, le grand chef de la dynastie des Zérites, en l'an 935, et la *Ville Moderne*, ou Quartiers Européens, qui chaque jour s'étend davantage, et va mordre jusqu'au cœur même de l'ancienne Cité des Deys.

La Ville Arabe (Casbah). — Le quartier encore très populeux de la Casbah n'est guère habité que par l'élément indigène et israélite, il est également tout désigné pour servir de *refugium pecatorum* au banditisme indigène. Ces individus sans aveu trouvent hélas, trop facilement asile, chez certains cafetiers maures qui les abritent et les protègent contre les investigations de la police.

Les Rues. — Les rues sont fort étroites et très irrégulièrement tracées, et des fenêtres des maisons, l'on pourrait sans effort, serrer la main des voisins d'en face.

Les Habitations. — Les maisons en général, présentent à l'extérieur un aspect assez propret, avec leurs murs badigeonnés en blanc ou en bleu; le seul luxe qui semble s'étaler sur ces façades d'une simplicité d'architecture qui tient du primitif, est tout entier dans les encadrements des fenêtres, faits de carrelages émaillés des couleurs les plus vives et d'un dessin étrange bien que rudimentaire.

A remarquer également de très curieuses portes donnant accès dans certains intérieurs musulmans; celles-ci sont confectionnées avec un bois très dur, très ouvragé, et pincés de plusieurs rangées d'énormes clous de cuivre jaune, avec ferrures et serrures artistement travaillées.

L'intérieur des habitations mauresques est très peu décoratif, même chez les princes de la finance musulmane; on peut dire que tout a été sacrifié à l'hygiène; pas d'encombrement de mobilier dans les pièces, juste le nécessaire, de façon à laisser la plus large circulation possible à l'air; chaque maison est dotée d'une cour intérieure sur laquelle s'étagent des galeries à arcades, supportées par des piliers de marbre ou de simple maçonnerie, et au-dessus se trouve la terrasse, plus spécialement réservée à la promenade des femmes, qui, ainsi que le veut la coutume arabe, ne doivent pas sortir de leur intérieur ni se montrer en public; tout au plus leur est-il permis par leur souverain-maître de se rendre à nuit close et fidèlement accompagnées aux bains maures, et le vendredi au cimetière. Ainsi cloîtrées, elles ne savent de l'existence extérieure que ce qui leur est rapporté par leur seigneur, ou par les femmes européennes auxquelles la faveur est faite de pouvoir les visiter. Quant aux hommes et quels que soient leurs titres ou leur degré d'intimité avec le chef de la maison, il leur est absolument impossible de pouvoir, même à la dérobée, dévisager les maîtresses de céans. A ce propos et pour donner au lecteur une juste idée de l'étroite claustration à laquelle les femmes indigènes sont soumises de par la Loi du Coran, nous ne pouvons mieux faire que de citer un fait dont nous garantissons l'authenticité et qui s'est passé il n'y a que peu de temps. Le directeur d'une grande administration, invité à l'occasion d'une fête musulmane par l'un de ses *Chaouchs* (garçon de bureau), ayant exprimé le désir de voir la femme et les filles de ce dernier, essuya de la part de ce fils du Coran un refus énergique. « Mais enfin, reprend le trop insistant personnage : je suis ton directeur et tu ne peux me refuser cette faveur ». — C'est vrai, répond le fier descendant de Mahomet : dans votre administration, vous êtes mon directeur, *mais ici je suis votre général.* »

Les Restaurants arabes, que l'on rencontre en grand nombre dans le dédale original des rues de la Casbah, offrent cette particularité qui n'est pas sans intérêt, c'est qu'à l'encontre de nos restaurants français, qui dissimulent avec un soin tout particulier l'endroit où *l'on fait la popotte,* les restaurateurs arabes, au contraire, s'efforcent d'allécher leur public, par une exposition à pleine vue des mets qui mijotent à petits bouillons, répandant dans l'atmosphère un fumet engageant. Le plat national arabe est le *Couscouss,* il consiste en semoule de bonne qualité, humectée d'eau, et cuite à la vapeur, et à laquelle on mêle un jus de viande fortement pimenté.

Les Cafés. — Les Cafés arabes ou Cafés maures abondent non seulement dans la haute ville, mais également dans les quartiers européens. Représentez-vous une pièce assez étroite, s'ouvrant sur la rue, garnie de quelques bancs, un fourneau en faïence occupant une des meilleures places, tandis que sur les murs, s'étalent quelques chromos ordinaires, mélangées de maximes du Coran, de minuscules tasses placées sur une étagère à côté de plus minuscules cafetières encore, un bonhomme de musulman donnant ses soins à la fabrication du *caoua,* une rangée de fidèles, criant, gesticulant, chantant, tambourinant, fumant, humant, ou attendant l'élixir du caféier, et vous aurez l'image d'un café maure. Chacun de ces établissements a une clientèle spéciale : ici c'est le rendez-vous des Marocains, là la réunion des Kabiles de Biskra, un autre reçoit les anciens Spahis et Turcos, tandis qu'un troisième sera fréquenté par les déchargeurs des navires charbonniers.

Une grande partie de cette clientèle à un *sordi* (cinq centimes) *le cran* élit domicile dans les cafés maures; leur garde-robe n'est d'ailleurs pas embarrassante, elle se résume dans un burnous crasseux;

ce qui est déjà peu ordinaire, ou d'un mauvais sac, qui contenait autrefois de la farine, et que trois ouvertures taillées pour le passage de la tête et des deux bras ont transformé en une sorte de *gandoura*, vêtement arabe, qui leur revient, tout compte fait, à huit sous. — Quand viendra le temps où nous pourrons nous vêtir à si bon compte? — Chacun apporte quelques oignons crus, une poignée de piment, un morceau de pain, le tout arrosé d'une pinte d'eau fraîche, et d'une tasse de café, délecté savoureusement dans les nuages de plusieurs cigarettes; après une ardente prière adressée à Allah, la *smala* entière se roule dans les plis des burnous, les souliers (ceux qui en possèdent), leur servant d'oreiller, et s'endort d'un sommeil qui promet la vision enchanteresse des *houris*, qui siègent à la droite de Mahomet.

Les Boutiques arabes. — Dans les grandes rues, telle que celle de la Lyre, et certains passages très fréquentés, et donnant accès sur la Place du Gouvernement, se trouvent de forts jolis étalages d'objets de fantaisie, de fabrication arabe, depuis les parures à grands miroitements, les gandouras de soie, les babouches brodées d'or, les vases en cuivre repoussé et bariolés de maximes en texte arabe, jusqu'aux armes les plus délicatement travaillées de dessins damasquinés. Mais dans les rues étroites de la Casbah, vous ne rencontrerez guère que des boutiques de cordonniers taillant à grands coups de tranchet dans une peau de bœuf, encore recouverte de son poil, pour confectionner une chaussure large comme un pied d'éléphant; puis, quelques ateliers de graveurs sur cuivre, des brodeurs, et enfin des marchands de tabac. Voilà en quoi consiste, en général, le commerce de la haute ville.

Les Rues de la Vieille Ville. — Parmi celles-ci, il en est sur lesquelles nous appellerons plus spécialement l'attention de nos visiteurs, en ce sens qu'elles donneront la note parfaite de ce qu'était l'ancienne *Icosium* des Romains, devenue depuis la capitale de l'Algérie. Ce sont les rues de la Casbah, Porte-Neuve, des Maugrebins, Bab-Ali, du Chameau, de la Gazelle, des Sarrasins, des Abencerrages, des Abderrhaman, Akermimouth-Lalahoum, Sidi-Abdallah, Kettapolis, Sidi-Kallel, des Janissaires, Baltaroudjil, du Lézard, Sidi-Ramdan, Lahemar et du Scorpion.

Il sera prudent, si vous tenez à visiter ces quartiers étranges, au moment où l'animation est dans son plein, qui est assurément le moment le plus intéressant, c'est-à-dire le soir, à partir de 8 heures, il sera prudent, disons-nous, de ne faire ce que nous appellerons une étude de mœurs prise sur le vif, que par groupe d'au moins trois ou quatre personnes. Dans la journée, cette visite peut sans risques, se faire isolément.

Nous recommandons : la mosquée de *Djama-Sidi-Ramdan* située dans la rue de Sidi-Ramdan et la mosquée de *Djama-Saphir*, dans la rue Kleber, ainsi que deux écoles indigènes connues dans les locaux des mosquées de *Djama-Sidi-Bou-Guedour* et *Djama-Sidi-Abdallah*.

La Casbah est l'ancien Palais des Deys, occupé actuellement par une batterie d'artillerie, c'est dans l'un des pavillons de ce Palais qu'eut lieu le grave incident du coup d'éventail qui amena, d'après certains historiens, la conquête de l'Algérie. Mais si nous en croyons le récit d'un vieil Algérien, M. Aumerat, le doyen de la Presse algérienne, le fait se serait passé d'une façon différente à ceux publiés jusqu'à ce jour. La haute autorité de M. Aumerat en tout ce qui a trait à l'histoire de l'occupation française, en même temps que l'importance qui se détache de son récit et qui met à néant la légende du trop fameux coup d'éventail, nous engage, dans l'intérêt de la vérité, à rapporter les lignes qu'il a écrites à ce sujet dans la *Dépêche algérienne* portant la date très récente du 30 juillet 1893.

Voici comment M. Aumerat s'exprime :

« En évoquant l'autre jour le souvenir des anciens d'Alger, ayant la conquête, je me suis souvenu de la légende du coup d'éventail administré publiquement par le Dey d'Alger à notre Consul général, M. Deval.

» Je veux en dire quelques mots.

» Je ne raconterai pas les causes de la rupture des relations entre la France et le Dey, qui ont amené la conquête d'Alger.

» Tout le monde sait cela.

» Je me bornerai à dire ce que je sais au sujet de l'insulte faite à la France par le Dey d'Alger en 1827.

» Le 30 avril 1827, il y avait audience solennelle à la Casbah, et, à l'occasion des fêtes du Beïram, le Dey recevait le Corps consulaire.

» Il existait un conflit en ce moment, entre le Gouvernement du Dey et celui des Tuileries, à propos de fournitures de grains faites à la France par deux négociants juifs, Busnach et Bacri.

» Le Dey profita de cette cérémonie pour demander au Consul général de France pour quelle raison le roi Charles X n'avait pas répondu personnellement à une lettre qu'il lui avait adressée, insinuant que le Consul général ne la lui avait pas fait parvenir.

» M. Deval protesta et ajouta que le Roi de France ne correspondait pas directement avec un Dey d'Alger.

» Cette réponse mit le Dey en colère et c'est alors que, s'il faut en croire les récits de l'époque et les historiens qui ont écrit sur l'Algérie, notamment le dernier, M. Camille Rousset, Hussein-Pacha se serait laissé aller à donner un coup d'éventail à notre Consul.

» M. Camille Rousset va même plus loin : Ce sont trois coups d'éventail que le Consul, M. Deval, aurait reçus, et loin de se retirer, comme le lui enjoignait le Dey, il aurait persisté à discuter avec le souverain et à l'assurer de nouveau qu'il avait fidèlement rempli la mission qu'il lui avait donnée, relativement à la lettre.

» Il importe de détruire cette légende qui fait jouer un rôle ridicule à un homme, dont tous les contemporains ont constaté le courage, et de protester en racontant le fait dans toute sa simplicité et toute sa vérité, tel du moins que me l'ont raconté, en 1842, divers témoins de la scène du 30 avril 1827, notamment M. Casimir Jobert, le beau-frère de M. Deval, qui se trouvait avec le Corps consulaire, en qualité de représentant accrédité de la Chambre de Commerce, et de M. Schultz, Consul général de Suède.

» Une discussion assez vive s'était engagée entre le Dey et le Consul de France; et quand ce dernier fit la réponse que l'on sait, que le Roi de France ne correspondait pas avec un Dey d'Alger, celui-ci fit un geste de colère avec le bras qui tenait l'éventail et prononça les mots suivants :

« *Rohh! Roumi, ben el Kelb!* » Ce qui signifie en français : « *Sors, Chrétien, fils de chien!* » Juron assez en usage chez les Orientaux, et qui, dans leur bouche, n'a pas toute la portée que nous pouvons lui attribuer.

» On y prit à peine garde sur le moment.

» Ce ne fut que dans la soirée que la question fut discutée parmi les membres de la Colonie européenne.

» Les avis étaient partagés.

» Dans la maison occupée aujourd'hui par le Conseil général et qui était alors la demeure du Consul anglais, Saint-John, on était d'avis qu'il y avait eu insulte.

» Chez le Consul de Suède, rue de la Licorne, on était d'un avis tout opposé.

» Remarquez que chez les uns et les autres il n'était nullement question de l'éventail, mais seulement des paroles prononcées par le Dey.

» D'ailleurs, ainsi qu'on m'en fit l'observation, le Dey se trouvait en haut de la grande cour, sur un divan, assis à la mode orientale, les jambes croisées, tandis que le Corps consulaire était devant lui debout à une certaine distance.

» Il eût donc fallu, pour que le Dey se livrât à des voies de fait, telles que trois coups d'éventails violemment donnés, comme l'affirme l'historien Camille Rousset, il aurait fallu, dis-je, qu'il se levât et vint se jeter sur le Consul.

» S'il en eût été ainsi, des désordres bien autrement graves auraient éclaté dans cette salle encombrée de janissaires.

» M. Deval n'en disait pas un mot dans son rapport.

» Il voyait bien, dans l'incident, une offense, mais ne lui attribuait pas une exceptionnelle gravité; il prévoyait même que le Gouvernement français la jugerait moins sévèrement que lui; et pour ce cas, il se bornait à demander un congé.

» Et, en effet, ce ne fut que deux ans plus tard, lorsque le droit des gens eût été violé par le Dey, en faisant tirer à boulets sur le navire français qui avait à bord le parlementaire venu pour proposer un arrangement amiable que le Gouvernement français se décida à faire l'expédition contre Alger.

» Le Consul, M. Deval, n'eut pas la satisfaction d'y participer; il mourut en 1828.

» Ce fut son frère qui accompagna l'expédition en 1830 et qui figura parmi les premiers membres du Conseil du Gouvernement.

» C'est à lui que l'on doit la première organisation de la justice en Algérie, au sein de laquelle entrèrent ses deux parents à Alger : MM. Casimir Jobert comme juge et Mourgues comme greffier, fonctions que ce dernier a conservées jusqu'à sa mort, à 84 ans.

» On ne me croira probablement pas. Comment oser douter d'un fait avancé par un historien tel que M. Camille Rousset?

» C'est vrai, mais M. Camille Rousset n'est pas infaillible; il y a d'autres erreurs dans son histoire, quand ce ne serait que celle relative à la statue équestre du duc d'Orléans, sur la Place du Gouvernement, qu'il a cru être celle du maréchal Bugeaud (1). »

Le Palais de la Casbah, au temps de la domination turque, était une petite merveille de luxe et de raffinement de l'époque. Il était, en même temps que la demeure des Deys, le siège de tous les services du Gouvernement, y compris les Cours de Justice, les Chambres inquisitoriales et les Prisons de l'État. Un bâtiment spécial était affecté au harem et aux appartements du Dey. De splendides jardins aux bosquets mystérieux et bien dissimulés sous d'épais rideaux de verdure tenaient lieu de promenade aux favorites de Son Altesse, Hussein-Dey, le tout d'ailleurs enveloppé d'un mur qui masquait la vue de la Blanche-Cité et abritait les sultanes contre des regards indiscrets.

Les Mosquées. — En quittant la Casbah et en descendant les gradins qui dominent l'Arsenal se trouve, adossée au Jardin-Marengo, la célèbre mosquée de *Sidi-Abd-el-Rhaman-el-Talebi*, dans laquelle on peut encore voir les tombeaux des anciens Deys et Pachas d'Alger, entre autres ceux du très vénéré *Sidi-Abd-el-Rhaman*, décédé en 1761, d'*Ahmed*, le dernier Dey de Constantine, et enfin celui de *Khader-Pacha*.

La mosquée *Djama-el-Djedid*, communément dénommée par les Européens *Mosquée de la Pêcherie*, en raison de sa proximité avec le Marché aux Poissons, est bâtie en forme de croix-grecque, avec une imposante coupole centrale et quatre autres plus petites, qui occupent, chacune, un angle de l'édifice. Chaque année, au 14 juillet, jour de la Fête nationale, la mosquée *Djama-el-Djedid* est brillamment illuminée, les coupoles disparaissent sous des myriades de verres de couleurs, qui, dans leurs scintillements éblouissants, lui donnent l'éclat d'une gigantesque parure trouant la nuit de ses feux de saphyr, d'opale et de rubis.

La mosquée *Djama-el-Kébir* fait suite à cette dernière et prend accès dans la rue de la Marine, c'est la plus ancienne de toutes les mosquées, elle fut élevée en l'an 1018, ou an 409 de l'*Hégire* (l'Ère des Mahométans, qui commence à l'époque où Mahomet s'enfuit de la Mecque, 622 ans avant Jésus-Christ). Le minaret de cette mosquée a été commencé le dimanche 27 *Doul Kada* (Octobre 722) et terminé le 1er *Redjeb* (mars) de l'an 723 de l'*Hégire*, ainsi qu'il appert d'une inscription placée dans l'intérieur de la mosquée. Ce fut *Tachfin*, Sultan de Tlemcen, qui la fit construire.

L'intérieur de la mosquée a la forme d'un vaste rectangle divisé en plusieurs parties, à arcades soutenues par des piliers.

De très larges nattes couvrent le sol, laissant d'étroits passages aux fidèles qui viennent faire leurs dévotions, en évitant, sous peine de les souiller, de marcher sur les tapis de paille très sacrés de la mosquée. De décorum, aucun ! à peine quelques lampes, insuffisantes d'ailleurs, et le *nimbar* ou chaire de l'*Iman*. L'extérieur est beaucoup plus riche que l'intérieur. La façade qui donne dans la rue de la Marine se compose d'une galerie de quatorze arcades, aux dentelures gracieuses et se profilant au-dessus de superbes piliers de marbre blanc. Au centre de cette galerie se dessine une magnifique fontaine de marbre noir, entourée d'une double rangée d'arcades supportées par des colonnes du style de l'Alhambra. Le rite exercé dans la mosquée *Djama-el Kebir* est le rite *Malekite*.

L'ordre religieux le plus ancien de l'Algérie est celui d'*Abd el Kader el Djali*, mieux connu sous le nom de *Moulai Sidi Abd-el-Kader*. Ce saint, originaire de *Bar'dad*, où il fut inhumé, est le Patron des nomades, des voleurs et surtout des mendiants.

Le clergé mahométan se compose comme suit :

Un *Oukil*, sorte de caissier et collecteur des offrandes.

Un *Chaouch*, secrétaire de l'Oukil.

Un *Imam* ou aumônier.

Un *Khetib*, prêtre qui ne récite que les prières du vendredi en faveur du gouvernement.

Un *Aoun*, assistant le Khetib.

Deux *Muddenin*, qui, du haut du minaret, appellent de leur voix plaintive, les croyants à la prière.

Deux *Hezzabin*, interprètes du Coran.

Deux *Colbas*, qui récitent les litanies et commentent les saintes écritures, et enfin

Un *Mufti*, interprète de la loi musulmane.

Maisons mauresques. — Plusieurs des plus riches maisons mauresques sont occupées actuellement par des services du gouvernement ou ont été, après de légères modifications, transformées en édifices publics. Citons en premier lieu le *Palais du gouverneur général*, ancienne résidence de *Hassen Pacha*, puis le *Palais de l'archevêché*, la plus fine merveille de l'architecture mauresque que possède Alger et qui, autrefois, servait d'appartements aux filles du Sultan. L'ancien *Secrétariat du gouvernement*, qui était la demeure d'*Ahmed Pacha*. Le *Conseil général* sis dans l'immeuble portant le n° 2 de la Charte. Le *Musée* et la *Librairie*, rue de l'État-Major, n° 52, ancienne propriété de *Mustapha Pacha*, la superbe demeure du *Premier président de la Cour d'appel*. L'hôtel occupé par le *Commandant du Génie*, Boulevard des Palmiers ; la *Direction des domaines*, fièrement campée sur des rochers qui reçoivent le rude assaut des lames et, enfin, la *Cathédrale*, ancienne mosquée, située près du palais du gouverneur.

Les races. — Les indigènes qui forment la population dense d'Alger se décomposent comme suit :

Les *Kabyles*, les *Arabes*, les *Maures*, les *Turcs*, les *Coulouglis*, les *Nègres* et les *Juifs*.

Les Kabyles exercent en général la profession de porteurs d'eau, de cireurs de bottes ou de portefaix.

Les Arabes fournissent des restaurateurs, des boulangers, des bouchers, etc.

Les Maures se portent vers le négoce, la fabrication de certains tissus et surtout du tabac.

Il en est de même des Turcs qui, d'ailleurs, sont en très petit nombre à Alger.

Quant aux Nègres, leur teint s'accommode si bien de la couleur charbon, qu'ils donnent la préférence aux courtiers maritimes chargés de l'approvisionnement des nombreux steamers qui viennent relâcher à Alger pour prendre du combustible.

Et enfin les Juifs, qui font de tout, pourvu que ça leur rapporte.

La ville moderne. — Quel contraste entre la *ville arabe* et la *ville moderne!* Encore tout pénétré de l'impression de l'étrangeté des tableaux saisissants qui viennent de se dérouler à nos yeux, vous avez peine à vous persuader que vous n'êtes point le jouet d'un rêve ou l'objet d'une hallucination, tant la diversité qui existe entre ces deux parties de la ville, l'ancienne et la nouvelle, est extraordinaire. Il suffit de quitter la rue Bab-el-Oued et de pénétrer quelques vingt mètres seulement dans le quartier de la Casbah pour éprouver cette transition véritablement surprenante.

La ville moderne, ou ville française, présente la même apparence que celle de nos grandes villes de France, à quelques détails d'architecture près.

Les maisons, et plus spécialement celles qui bordent le Boulevard de la République et la rue de Constantine, se distinguent par la richesse de leur construction, qui peut avantageusement rivaliser avec nombre des plus distingués immeubles du Boulevard Saint-Germain ou des Champs-Elysées. Leurs lignes d'un dessin élégant et correct à la fois se profilent avec grâce sur la spacieuse chaussée qui forme boulevard. De larges escaliers de marbre immaculé, aérés avec profusion et dans lesquels la lumière ruisselle à grands flots, conduisent à tous les étages. Les pièces sont larges, hautes et distribuées avec art, et, à l'extérieur, des arcades courent le long des façades, garnies de balcons, procurant un abri aussi bien contre les ardeurs du soleil que contre les intempéries, aux nombreux oisifs qui, chaque soir, se livrent à leur promenade favorite.

Du haut du Boulevard de la République, la vue s'étend d'abord sur les quais, puis sur le port et embrasse toute la baie, depuis le Cap Matifou, et en suivant son large circuit jusqu'à l'Agha. Le mouvement des quais et du port, que sillonnent les navires en partance ou venant relâcher et auxquels se joignent les nombreuses embarcations qui se croisent en tous sens, puis le bleu profond de la baie, dans lequel se mirent, avec une coquetterie charmante, les blanches voiles des barques de pêcheurs et la dentelure verdoyante ou marbrée de taches blanches de la rive, enfin les lignes se perdant dans la brume des montagnes de l'Atlas, tout cet ensemble imposant et grandiose, est bien fait pour remuer même les moins impressionnables.

De très confortables hôtels, restaurants et cafés avec terrasses sur le boulevard, attirent de fort nombreux consommateurs.

Citons parmi les meilleurs l'*Hôtel de l'Europe*, l'*Hôtel de l'Oasis*, le *London House*, la *Taverne Gruber* et le *Café restaurant de Bordeaux* et, dans un autre ordre d'idées, la *Maison Tinchant* pour les tabacs et cigares provenant de toutes les parties du monde, le superbe magasin d'objets indous de MM. *Hotchand et Cie* et, enfin, une succursale de la maison *The Cook et Son*, de Londres, connue des touristes des cinq parties du globe où elle a des ramifications fort étendues. Son intelligent directeur, M. Ch. Trübner, est à la disposition entière des touristes pour toutes les excursions qu'ils désireraient faire non seulement à Alger ou dans les environs, mais dans l'Algérie entière; des interprètes et guides sont spécialement attachés à la maison. Les touristes anglais pourront se procurer à l'agence Cook *The Pratical Guide to Algier* de M. Geo. W. Harris, guide le plus complet et le plus intéressant que nous connaissions et que nous dénommerons du sous-titre de *Little Wonder*.

Les compagnies de navigation à vapeur *Compagnie générale transatlantique*, *Compagnie mixte* et la *Société générale des transports maritimes* ont également leurs bureaux situés sur le Boulevard de la République.

En suivant le Boulevard dans la direction de la Mosquée, nous débouchons sur la Place du Gouvernement, vaste rectangle au sud duquel se dresse la superbe statue de *Philippe d'Orléans*, ancien gouverneur de l'Algérie. Ce monument imposant en bronze est l'œuvre de Marochetti, l'artiste distingué dont la renommée n'est plus à faire; la matière qui a servi à l'exécution de cette statue a été fournie par les canons pris à l'ennemi pendant la conquête. Détail typique; il paraîtrait que le maître, auteur de ce chef-d'œuvre artistique, aurait oublié dans son moulage la gourmette qui relie les brides sous la mâchoire inférieure du cheval! De vieux Algériens qui ont assisté à l'inauguration de la statue en ont fait la remarque, et de fait, chacun peut d'ailleurs s'assurer de visu de l'absence de ce léger *impedimenta*, d'ailleurs insignifiant. Deux fois par semaine, les jeudi et dimanche, l'excellente musique du 1er régiment de Zouaves, sous la direction de M. Couture, son chef, se fait entendre sur la Place du Gouvernement; ces concerts, très goûtés de la population d'Alger qui s'y rend en foule, sont chaque fois l'occasion de nouveaux succès pour cette brillante et sympathique musique militaire.

Les principaux cercles d'Alger occupant une partie des vastes immeubles prenant vue sur la Place du Gouvernement, ce sont : le *Cercle du Commerce*, le *Cercle d'Alger*, le *Cercle Républicain*, celui de la *Concorde* et enfin le *Grand Cercle*, tous aménagés avec le meilleur confortable et un luxe d'une certaine recherche.

Sur le côté nord, enfoui dans un véritable oasis de palmiers à haute stature, se dresse l'*Hôtel de la Régence* et tout à côté le très recherché *Café d'Appollon*, rendez-vous de la société algérienne qui vit beaucoup plus sous le scintillement des étoiles que sous les feux de Phœbus.

De chaque côté ouest de la Place du Gouvernement partent les rues Bab-Azoun et Bab-el-Oued.

La rue Bab-Azoun est ce que nous pouvons dénommer la rue du *High Life*. C'est sous ses arcades, en effet, qu'aux heures fraîches le tout Alger se donne rendez-vous. C'est là que se trouvent les plus riches magasins d'Alger. Mais ceux-ci ne sont que le prétexte qui amènent les uns pour être vus des autres. A ces rencontres fortuites ou cherchées et à ces frôlements discrets les magasins n'y gagnent rien : c'est l'heure du désœuvrement et non celle des affaires.

La rue Bab-Azoun nous conduit au ravissant *Square Bresson*. En face le square nous remarquons le *Théâtre municipal*, dont l'architecture est imposante et élégante à la fois; ce monument trouverait sa place dans les plus grandes villes d'Europe. Admirablement disposé à l'intérieur, où toutes les dernières innovations ont été mises en pratique, une vaste salle des fêtes, pur style mauresque, fait suite à la scène. C'est dans cette salle que se donnent les concerts ou autres cérémonies, telles que la distribution des prix aux écoles supérieures. Le foyer, tout tendu de rouge et or, possède deux tableaux remarquables, dons de l'État, représentant l'un le *Festin de Balthazar* et l'autre un épisode de la guerre de 1870, la *Bataille de Gravelotte*.

A gauche du théâtre est le *Cercle des Officiers* et à sa suite l'*Hôtel de l'Opéra*; à droite se trouvent la *Brasserie Tantonville*, le *Grand Café Continental*, le *Café de l'Europe* et l'*Hôtel des Étrangers*, puis en face et sur le côté ouest du Square Bresson, le *Grand Café Glacier*, l'*Hôtel de Genève* et l'*Hôtel de l'Europe*. En suivant la rue de Constantine, l'*Église Saint-Augustin* fait face au *Palais de Justice*, et plus loin, sur la droite, se dresse la *Caserne des douaniers*.

Du côté opposé, c'est-à-dire en prenant la rue Bab-el-Oued à partir de la Place du Gouvernement, on arrive bientôt à la Place Bab-el-Oued où s'élève, flanqué d'imposantes ailes, le vaste bâtiment qui sur son frontispice porte les mots : *Lycée national*. Ses salles peuvent contenir de [illegible] à 1500 élèves, et il est de notoriété publique que l'enseignement qui y est professé dépasse la bonne moyenne des lycées de France; aussi comptons-nous au nombre des élèves des jeunes gens venant des départements les plus extrêmes de la mère-patrie. Faisant suite au Lycée, est le *Jardin Marengo*, à l'entrée duquel se trouve un belvédère, portant sur plaque de marbre l'inscription suivante : « A la vieille et à la jeune armée d'Afrique, un vieux grognard reconnaissant. »

Ce jardin public, fort bien entretenu d'ailleurs par la ville, est un coquet petit coin de verdure très fréquenté et où l'on respire à pleins poumons la brise fraîche de la mer ; dans l'une de ses parties décorée du nom pompeux de *Bosquet de la Reine*, se trouve un marabout célèbre et fort curieux. Faisant face au Jardin Marengo et sur la Place Bab el-Oued, nous remarquons la *Caserne du Génie*, et l'*Arsenal*, et en suivant le Boulevard des Palmiers, on arrive à la rampe qui conduit à l'*Amirauté*, anciennes constructions où sont installés tous les services de cette administration ; puis, sans quitter le Boulevard, nous avons à notre droite la *Caserne Lemercier*, où sont logés des Zouaves en attendant la prochaine désaffectation de ce bâtiment qui doit être cédé à la ville par l'autorité militaire, conformément à l'exécution du grandiose projet de dérasement des fortifications et de la complète transformation d'Alger, projet qui vient de passer à l'état de convention exécutoire, par suite du vote des Chambres et de la promulgation par le chef de l'Etat.

Près de la Place du Gouvernement et toujours sur le Boulevard se trouve le *Palais consulaire*, magnifique édifice de construction récente et où sont installés le *Tribunal* et la *Chambre de commerce*, le *Conseil des Prud'hommes*, la *Bourse*, un bureau de postes et télégraphes et les *Cours commerciaux*.

Du haut du Boulevard, nous distinguons sur les quais les bâtiments des *Douanes*, de la *Compagnie générale transatlantique*, la *Compagnie Touache*, la *Société générale des transports à vapeur* et ceux de MM. *Achaque* et *Schiaffino et Cie*, armateurs.

Dans la *rue d'Isly* se trouve la petite bonbonnière qui a nom *Théâtre des Nouveautés* et qui, chaque hiver, fait les délices des hiverneurs et des Algériens ; c'est surtout l'opérette qui y est jouée par d'excellentes troupes.

Citons également l'*Eldorado*, café-concert sur le Boulevard, près de l'immeuble du Trésor.

L'on attend enfin la mise à exécution prochaine du remarquable projet de M. Seigle-Gourgon d'un *Casino modèle* dont le grandiose le disputera au confortable. Un établissement de ce genre manquait à la situation et au prestige de station hivernale de la belle colonie algérienne. Cette lacune, avant longtemps, sera comblée et alors Alger rivalisera avec les stations hivernales de la côte nord de la Méditerranée, car en dehors de sa situation climatérique absolument exceptionnelle, les touristes et hiverneurs y trouveront dans d'excellentes conditions le luxe et le confortable des hôtels, les distractions recherchées pour abréger les soirées d'hiver et, par-dessus tout, une richesse de soleil, éclairant un ciel d'une limpidité d'azur vierge et une température exceptionnellement douce.

Les Environs d'Alger.

Afin de faciliter le touriste dans le choix de ses promenades aux environs d'Alger, nous les classerons dans un ordre qu'il lui sera d'ailleurs loisible de rompre à son gré, mais que nous avons classées de manière à le renseigner aussi fidèlement que possible sur les sites les plus attrayants et qui enserrent dans un superbe diadème Alger l'*Africaine*.

Nous nous efforcerons de donner aux tableaux multiples que nous aurons à décrire le coloris et le ton chaud qui sont si propres à la nature si riche et si variée de l'Algérie!

Excursions et Promenades des Environs d'Alger.

1° Le chemin du Télemly ou Promenade des Aqueducs.
2° Mustapha Supérieur.
3° Le Jardin d'Essai du Hammam.
4° Le Bois de Boulogne, la Colonne Voirol et le Ravin de la Femme sauvage.
5° El-Biar, Bir-Mandreis et Kouba le séminaire, avec retour par Hussein-Dey.
6° Notre-Dame d'Afrique et la Vallée des Consuls.
7° Saint-Eugène, la Pointe Pescade, les Bains Romains, le Phare Caxine, Guyotville, Staouelli, Sidi-Ferruch et retour par Cheragas et El-Biar.
8° D'Alger à la Bouzaréah et l'Observatoire par El-Biar et retour par la Vallée des Consuls.
9° Hussein-Dey, Maison-Carrée, Fort de l'Eau et le Cap Matifou. Retour par mer.
10° Le Frais Vallon.
11° A Notre-Dame de la Trappe, à Staouelli.

I. Le Chemin du Télemly ou Promenade des Aqueducs.

De toutes les promenades environnant Alger, celle du Télemly est une des plus captivantes et à la fois des plus fréquentées, non seulement par les hiverneurs étrangers, mais également par les Algériens, qui en ont fait la véritable favorite de leurs excursions pédestres. Ce chemin, qui prend naissance au point dit des Casemates, c'est-à-dire à l'extrémité de la rue Saint-Augustin, s'engage d'abord, en un premier contour gracieux, sous les verts ombrages d'un odoriférant bouquet d'*Eucalyptus globulus*, originaire de l'Australie méridionale, puis en ressort un peu plus loin, pour se baigner dans un flot de rayons solaires que laisse passer le bastion dénudé des Pontonniers. De là il court en déroulant sa spirale capricieuse le long de la crête qui couronne le village d'Isly, mettant à découvert en des plans successifs et légèrement dégradés, la monumentale architecture de l'Académie de Médecine et de Lettres, imposant massif duquel surgiront un jour les célébrités algériennes. Puis un second plan se découpe dans une frange d'écume mordant le sable, montrant comme un surplis de dentelle fine la plage si animée de l'Agha. Tandis que, sur la droite, s'élèvent en pointant vers le ciel leur haute stature effilée, les cheminées de briques des usines et minoteries d'Hussein-Dey, faisant mieux ressortir dans leur blancheur d'albâtre, le séminaire de Kouba, et plus dans le fond la maison d'arrêt de Maison-Carrée. Enfin dans le lointain, et sur la rive opposée, se dessinent dans un pâle reflet mélangé de verdure, les villages du Fort de l'Eau, Maison-Blanche et du Cap Matifou, et sur l'onde bleutée glissant, semblables à des mouettes, les fragiles embarcations des pêcheurs du Littoral.

Puis, par un fougueux caprice de la nature, le chemin du Telemly s'engage, par de brusques détours, dans un encaissement dont la végétation qui le borde le dispute au sauvage, transition d'autant plus frappante qu'elle se produit d'une façon instantanée. Et, comme pris d'un remords soudain, il se dégage à nouveau vers les hauteurs qui commandent le village d'Isly.

C'est ainsi que, nous laissant conduire au gré de ce conducteur de nos pas, nous ressentons tour à tour les plus indéfinissables et les plus étranges impressions. Tantôt, c'est la vie, la lumière à grands flots, le soleil radieux aux chauds sourires, les fleurs baignant leurs corolles vives, puis successivement l'ombre, les rochers agrestes, les fourrés impénétrables de cactus aux épines aiguës et le silence d'un endroit qui semble désert.

De ci, de là cependant, de magnifiques villas émergent comme par un effet de magie de véritables nids de verdure, laissant percer au travers de hautes grilles de fer des parterres de fleurs aux couleurs les plus chatoyantes et soigneusement entretenues par une main invisible pour nous. Parmi les plus remarquables de ces villas, nous citerons les suivantes : La Chimère, Régina, Bellevue, Mont-Fleuri, Mont-Riant, Dar-el-Nador, les Arcades, le Robinson, la Zitouna, Villa Léa, Villa Williams, la Chadenèdis, Laperlier, la Villa Marguerite appartenant à notre excellent ami Manola, puis le superbe château Louis Jolly, petite merveille d'architecture moderne, et la non moins ravissante propriété du très regretté feu Sir Peter Coats, à la générosité duquel la commune de Mustapha doit la très utile et très coûteuse barrière qui borde le chemin du Telemly sur un parcours de plusieurs kilomètres.

En face la campagne du Sahel, propriété de Sir Peter Coats, et dans un encadrement luxuriant des plantes exotiques se trouvent les magnifiques Hôtels Continental et d'Orient, lesquels réunissent en confortable, en richesse et en agréments tout ce que la recherche et l'esprit moderne ont pu réaliser de mieux en nos jours, hall magnifique et richement orné, salons somptueux et du meilleur goût, chambres spacieuses et fort bien aérées, salles à manger du meilleur style et des plus vastes, cuisine exceptionnellement raffinée, ascenseur hydraulique conduisant à tous les étages. Voilà pour le côté confortable. Quant à l'agrément, il ne le cède en rien au premier. De vastes et riants jardins forment les dépendances de ce charmant séjour, de mystérieux et frais sentiers conduisant à un bois de pins dont l'âcre senteur se mêle aux enivrants parfums des orangers et des daturas formés en bouquets et à l'ombre desquel les « Babis » viennent s'ébattre en cueillant les fruits qui pendent aux branches des premiers, puis dans un emplacement réservé aux amateurs de sport, se trouve un Lawn Tennis, un Foot Ball et autres jeux de gymnastique plastique si fort recherchés par les Anglais.

Mais poursuivons notre route qui, d'ailleurs, touche à sa fin, car après être arrivés aux *Trembles*, lieu de rendez-vous des joueurs de boules et des dilettanti du traditionnel « casse-croûte » (souper de 4 heures et qui se compose en général de saucissons, de sardines à l'huile ou de fromage) et, dans un dernier contour qui se meut comme dans un dernier spasme, le chemin de Telemly vient s'éteindre sur le Boulevard de Mustapha supérieur, non loin du palais du gouverneur général.

Là, nous prenons un tramway qui nous ramène en ville en passant par le Plateau Saulière, la rue Michelet, les Portes et la rue d'Isly.

II. Mustapha-Supérieur.

Mustapha-Supérieur n'est, en réalité, que l'un des prolongements côté ouest d'Alger, sous la forme d'un Boulevard extérieur faisant suite à la rue Michelet et au Plateau Saulière dont nous avons déjà eu occasion de parler.

Aussi coquet par titre que par prétention, il décrit des courbes développées avec art et que goûtent davantage les favorisés de la fortune, ceux qui, mollement bercés sur ou huit ressorts, reposent dans une semi-somnolence leur vue sur le port et la baie, qui, dans le fond, semblent dormir du sommeil de leurs eaux muettes et profondes, dans une sorte de sieste qui n'attend que le coup de fouet du zéphyr pour sortir de leur torpeur. Tandis qu'à gauche et à droite, tout près de la route, s'étagent de magnifiques hôtels et de riches villas.

D'abord c'est le Bardo, palais d'été du gouverneur général de l'Algérie, bâti avec une élégance et une recherche de style qui le classe parmi les types les plus parfaits de l'architecture turque et qui rappelle, dans ses détails luxueux, un des contes des ***Mille et une nuits.***

Nous engageons vivement nos lecteurs à solliciter l'autorisation de visiter cette petite merveille de l'art, en s'adressant à M. l'aide-de-camp du gouverneur, qui, généralement, défère à cette sollicitation avec une bienveillante et exquise courtoisie.

Plus haut, sur la droite, se trouvent les hôtels Kirsch et Saint-Georges, délicieusement situés pour servir les exigences les plus extravagantes même; aussi pourrions-nous ajouter, sans atteindre la note exagérée, que la réputation de ces hôtels, de premier ordre d'ailleurs, est à la hauteur de leur altitude, qui n'est pas inférieure à 200 mètres au-dessus du niveau de la mer.

Parmi les nombreuses villas que nous admirons sur notre passage, il en est une qui attire plus particulièrement notre attention par sa splendeur orientale. C'est la villa Mustapha Raïs, résidence actuelle d'un richissime Anglais, H. Bell.

Enfin, et toujours en nous élevant sur les bas contreforts du Sahel, nous remarquons à notre gauche la superbe villa Doria, transformée récemment en un gentil nid à touristes, qui, dans son tapis de mousse, renferme une table et un gîte à nul autres pareils. Puis vient ensuite le fameux Restaurant du Panorama, délicate conception qui, par ses dépendances aussi multiples que variées dans leur construction, nous fait revivre dans les chalets d'une simplicité élégante des montagnes suisses ou bien sous le chaume des vallées de la Beauce, selon que vous aurez jeté votre dévolu sur l'une ou l'autre de ces reproductions idéales du vieux continent que l'on se plaît à rencontrer en plein sol africain.

Nous conservions, pour terminer, le véritable « clou » de cette promenade. C'est là, en effet, que se porte notre admiration entière pour le site enchanteur qui a nom ***Splendid Hôtel***, somptueux château moyen âge, ayant appartenu à un millionnaire anglais, admirateur passionné du ciel infiniment azuré et du climat exceptionnel de l'Algérie et qui fut édifié par ses soins sur un emplacement hors pair. Ce château, sans rival, a coûté près de trois millions, et, par suite du départ de son propriétaire pour les colonies anglaises, il fut vendu pour moins de deux cent mille francs à un notable minotier d'Hussein-Dey, qui le fit transformer en hôtel public sous l'habile direction de M. L....., architecte distingué d'Alger. Décrire toutes les merveilles, le luxe, le fini artistique que renferme aujourd'hui le ***Splendid Hôtel*** ne serait possible qu'en consacrant à cette description un espace dont à regret nous ne pouvons disposer, et encore craindrions-nous ne pouvoir rendre la note exacte que nous inspirent autant de richesses et de goût dans l'exécution de ce véritable palais.

Après quelques rafraîchissements pris sur la terrasse aux murs crénelés du *Splendid Hôtel* et jusqu'à la hauteur de laquelle montent en sourds grondements les bruits confus et lointains de Mustapha, dont les maisons ressemblent à mille taches blanches semées sur un tapis grisâtre, nous remontons en voiture, effectuant notre retour par le spacieux Boulevard Bru, qui, en une pente douce, nous conduit non loin du champ de manœuvres, et de là nous regagnons Alger en suivant la route de Constantine, traversant au petit trot de nos chevaux Mustapha inférieur et la rue de Constantine à Alger. Il est près de sept heures lorsque notre voiture nous dépose à la porte de notre hôtel.

III. Jardin d'Essai du Hamma.

(Propriété de la Compagnie algérienne.)

Ce nom de *Jardin d'Essai* explique tout. Il est la raison d'être, le motif d'existence du vaste champ d'études auxquelles il a donné son nom. C'est bien, en effet, pour se livrer à la recherche des conditions les plus favorables à l'acclimatation et à la reproduction des plantes vivant sous des zones moins tempérées ou, au contraire, plus torrides que celles du nord africain, que le Jardin d'Essai a été créé. Cette entreprise était grosse de difficultés, car il n'était pas moins question que d'arriver par toutes sortes de tempéraments, objets d'études attentives et spéciales, à acclimater dans le nord de l'Afrique les produits exotiques de l'extrême sud et ceux des régions du nord de la France même. On voit par là que la mission de ceux qui avaient entrepris la solution de ce double et épineux problème nécessitait de leur part de hautes connaissances et une science de la culture des plus approfondies. Nous devons dire à leur louange que leurs vaillants efforts ont été généralement couronnés des plus merveilleux succès. Car, grâce à leur courageuse persévérance, il nous est donné de pouvoir admirer, se coudoyant dans un même espace, les espèces les plus délicates du centre de l'Afrique avec celles plus rustiques, mais également réfractaires à notre sol du Midi et même du nord de la France, et nous ne serons pas suspects d'exagération en disant que le Jardin d'essai est une véritable merveille de plantations les plus diverses et les plus choisies à la fois. Il occupe, d'ailleurs, un emplacement des mieux appropriés au genre de culture dont il est l'objet. Sa face, ouest, donne sur la route de Constantine, à l'endroit nommé le *Hamma* (d'où ce complément de nom de : Jardin d'essai du Hamma), entre le champ de manœuvres et Hussein-Dey. De nombreux tramways et corricolos (espèces de patachons de fatigante mémoire) y conduisent les visiteurs pour la modique somme de six sous. En y pénétrant par la grille, côté ouest, se présente, en droite ligne, la superbe allée des platanes, dont les branches s'entrecroisant forment un délicieux berceau d'ombrage. A droite et à gauche de l'entrée, et bordant la route accessible aux voitures, se dressent, d'un côté, une succession de dattiers, coupés par d'immenses touffes de géraniums, et, de l'autre, une bordure de rosiers d'une venue peu commune. Et si vous portez vos pas dans l'allée des platanes, au centre, coupé à angle droit, vous apercevez l'avenue des bambous de Chine, qui forment sur votre tête une voûte de leur feuillage exotique et tellement serré que les rayons du soleil ont peine à y pénétrer. Ici, vous entrez en pleine poésie de l'Empire du Milieu, et n'était l'absence complète de Magots à la robe et pantalon nankin, à la tresse noire de jais, tombant sur les talons, au visage citron, fendu par des yeux en amandes, vous penseriez être transportés dans l'un des parcs de la Capitale du Soleil, vous attendant à découvrir dans un retrait consacré au culte des dragons du Céleste Royaume, une pagode ornée de ses hideuses idoles. Mais un bambin, bien français, qui vient se jeter dans vos jambes en jouant avec un cerceau, vous rappelle à la réalité et alors, continuant à déambuler sous les intimes bambous, vous arrivez bientôt à une allée transversale. C'est l'allée des palmiers nains, qui de la Chine n'onvous sortiez, vous plonge dans la même minute en pleine oasis saharienne. Près de là se trouve le parc aux autruches; c'est alors que l'illusion n'est plus possible, car ici tout démontre éloignement que de la Chine au Jardin d'Essai il y a un pas, un très grand pas à franchir. Après une petite halte auprès des autruches, dont les plumes dans toute leur belle croissance éveillent la convoitise des charmantes et gracieuses visiteuses, qui, du bout de leurs doigts finement gantés, leur jettent à profusion des brioches et autres friandises, nous reprenons notre promenade, momentanément interrompue, à travers une autre allée, celle des *Ficus Roxburghii* ou arbres caoutchouc. Rien n'est à la fois plus pittoresque et impressionnable que la vue de l'extraordinaire végétation produite par l'exubérante sève de cet arbre. Ce très curieux spécimen est d'une nature si particulière que ses branches, après avoir atteint une certaine hauteur et un développement de force moyenne, retombent vers le sol en faisceaux filamenteux dont les fils aussi fins que des cheveux s'entrelacent peu à peu et finissent avec le temps par former une masse compacte comme soudée et qui vient prendre racine à côté du tronc producteur, lui élevant comme une muraille protectrice et impénétrable. On a beaucoup parlé des forêts vierges de l'Amérique centrale; eh bien, rien ne saurait donner une idée plus exacte et meilleure de ces végétations fantastiques que celles que chacun peut admirer dans l'allée des *Ficus Roxburghii* du Jardin d'Essai, importation directe des Indes, et si l'on pouvait leur donner une scène digne de leur cadre, il faudrait improviser une des Pagodes de Pégu ou de Bénarès avec Bouddha et Vichnou comme prêtres divinisés, et sous leur ombre silencieuse et pleine de recueillement, on pourrait par la pensée assister à la bénédiction de « Sakountala » par son père « Kanva » avant de le quitter pour rejoindre son époux.

Un autre Ficus, le Ficus Nitida, domine par sa structure énorme une petite éminence qui vient se baigner au centre d'un bassin tapissé de mousses fraîches et moelleuses, parmi lesquelles surgissent de légers bambous à peine à l'adolescence de l'âge. Les racines du Nitida couvrent une superficie de plus de vingt mètres carrés, et, dans le rond point, une fontaine reflète dans son miroir qu'aucune ride ne ternit, les gracieuses formes des nombreuses plantes exotiques qui lui servent de ceinture. Au centre, et sur une plateforme, formant écrin, se détache dans un diadème d'émeraudes, le plus pur et le plus riche joyau de la couronne horticole du Jardin d'Essai. C'est un superbe *Cacao*, de Juarez, dont le feuillage resplendissant, laisse tomber dans le miroitement du soleil couchant mille scintillements semblables à des perles phosphorescentes. C'est d'ailleurs un des plus merveilleux produits du Mexique; de la même famille, nous relevons encore les espèces suivantes, le *Cacao-Blanc* et le *Cacao Nain*, ces deux derniers originaires de l'île Sainte-Marguerite.

Et parmi la variété si riche des *Palmiers*, qui ont été acclimatés, dans l'Eden du Hamma, au prix des plus grands soins, nous mentionnerons, le *Palmier-Royal* (de Cuba), dont le tronc s'élève à près de douze mètres de hauteur, formant dans sa partie supérieure, comme un gigantesque panache de plumes. Puis viennent ensuite le *Palmier* (de Java), unique dans son genre, le *Tabal* (de la Havane), aux feuilles d'un bleu velouté; le *Dattier sauvage* du Sud africain; le *Caryota* des Indes et le vigoureux et massif *Jubea* du Chili, dont le tronc mesure plus d'un mètre cinquante de diamètre.

Nulle part, dans n'importe quel Continent que ce soit, vous ne rencontrerez une aussi complète et riche collection de types appartenant à d'aussi diverses catégories. Nulle part encore, vous ne trouverez, comme au Jardin d'Essai du Hamma, un aussi majestueux assemblage des produits si variés de la flore des forêts vierges, des steppes américaines, des jungles indiennes et des oasis parfumées du Continent noir, et pour clore cette nomenclature, qui fait du Jardin d'Essai du Hamma, un des plus remarquables sites botaniques du monde entier, nous citerons encore les célèbres *Yuccas*, du Brésil, de la Caroline et du Texas, parmi lesquels se distingue le *Yucca Draconis*, l'un des plus rares représentants de l'espèce, qui aujourd'hui tend de plus en plus à disparaître, et enfin le *Strelitza Reginæ*, du Cap de Bonne-Espérance, et le *Ravenala*, de Madagascar.

Quand nous aurons dit que la vente des palmiers produit à elle seule un revenu de plus de cent mille francs annuellement, nous aurons, pensons-nous, assez fait pour donner à nos lecteurs une idée bien précise de l'importance et de la haute valeur de la culture mise en pratique au Jardin d'Essai, sous l'habile direction et la haute compétence de M. Rivière, son directeur.

En dehors du Jardin, et bordant la mer aux mélancoliques murmures, se trouve l'oasis Sainte-Marie, oasis qui, à l'ombre de ses gigantesques palmiers, offre un délicieux refuge, où, après une promenade dont tout l'attrait palpitant n'a pu cependant dominer la fatigue de longues heures passées en contemplation, chacun aime à venir goûter d'un doux repos, et se délecter à la source d'un rafraîchissement, qui emprunte encore à la brise caressante de l'onde amère, une saveur et une fraîcheur qui en doublent les effets, et c'est sous la sensation vive de toutes les merveilles que nous venons de passer en revue, sensation qu'augmente encore l'apothéose d'Alger, s'enveloppant à cette heure dans le voile du crépuscule, et disparaissant dans la nuit, que nous songeons à quitter ce lieu de délices fait pour la palette d'un peintre ou l'âme d'un poète.

IV. Le Bois de Boulogne. — La Colonne Voirol. — Le Ravin de la Femme sauvage.

La route qui conduit au Bois de Boulogne est celle que nous avons déjà décrite dans une précédente relation sur Mustapha-Supérieur. Nous ne reviendrons donc pas sur cette première partie de notre parcours, qui serait une redite, et d'emblée nous vous conduirons, chers lecteurs, vers les sentes fleuries qui, de toutes parts, depuis Mustapha-Supérieur, se dirigent dans d'originales coulées, sous les voûtes ombrées, du pittoresque bois de pins qui a nom le Bois de Boulogne. Est-ce à dire que ce dernier puisse rivaliser d'ampleur, de richesses, de sites, avec celui duquel il a emprunté le nom et dont les vastes allées fourmillent de tout ce que Paris compte dans la société du *High Life*? Nous avouerons que pour être plus modeste dans ses prétentions, le Bois de Boulogne d'Alger, a cependant su se créer une catégorie de favoris, qui ne le céderaient pas pour tous les lacs, les cascades, les chalets du Bois si cher aux Parisiens, et surtout si recherché par les Parisiennes.

Les âpres senteurs des pins, sous les ramures desquels éclatent comme autant de fanfares harmonieuses, les gazouillis vibrants et trilles des rossignols, hôtes familiers de ces mystérieux fourrés, ont fait du Bois de Boulogne, un endroit de délices et particulièrement recherché par les hivernants d'une constitution débilitée ou même tuberculeuse, et qui viennent lui demander un peu de cette saine et douce atmosphère que vivifie encore le passage de l'air pur sur les pores pleins d'un vaccin curateur des pins en pleine sève et dont la floraison s'achève à peine.

Des artères larges et gracieusement découpées, le sillonnent en tous sens, permettant un accès des plus praticables, et des bancs taillés d'une façon rustique dans les à-côtés de la chaussée, permettent un repos facile et peu coûteux, aux nombreux amateurs de ces concerts de la nature, pleins d'une délicieuse poésie.

Sur la droite du Bois de Boulogne, et au point culminant qui fait suite au Boulevard de Mustapha-Supérieur, se dresse la Colonne Voirol, pilastre de marbre blanc, élevé sur un piédestal et qui rappelle dans une inscription gravée en lettres noires que sous les ordres du général Voirol, a été tracée, à l'aide du contingent militaire, la magnifique route départementale d'Alger à Oran. Tout à côté de ce monument, est un abreuvoir où viennent se désaltérer, dans une eau pure et fraîche, de belles vaches à la robe rousse, tachée de blanc et qu'à leurs formes exubérantes et bien campées, on reconnaît pour être de la race comtoise ; leurs mugissements plaintifs et doux, troublent l'écho qui se perd dans le bruissement léger des pins secoués par la brise.

Les nombreux consommateurs qui entourent les tables placées en plein vent, dans un emplacement servant de jardin et de cour à la fois, attestent de la prédilection particulière que jouit cet endroit dont la réputation n'est d'ailleurs plus à faire.

De là, et en suivant la grande route ferrée de pierre bleue du pays, on descend dans une gorge aux aspérités provocantes — d'intérêt, et qui conduit à Birmandreis, charmant village caché dans un épais rideau de platanes, qui dressent leurs cimes altières par dessus les hautes envolées du coq terminant le clocher de l'église du village.

Ici, règne la même animation que celle que nous avons pu remarquer à la Colonne Voirol ; des groupes occupent toutes les terrasses des cafés ; la société y est fort mélangée, car les princes de la fortune ne dédaignent point de coudoyer le vulgaire *populo*, qui d'ailleurs forme la majorité des visiteurs du dimanche et des jours de fête.

Puis, par un petit chemin, que quelques-uns — des municipaux de Birmandreis probablement — affirment être très carossable, mais qu'en certains endroits nous jugeons fort cahoteux, on s'engage dans le Ravin de la Femme sauvage, ainsi nommé parce que peu de temps après la conquête de l'Algérie, et avant que la pacification soit faite et, à plus forte raison, la sécurité assurée, une femme française, fort jolie, que l'on représentait comme une femme absolument sauvage et que certains esprits, au contraire, affirmaient être moins que farouche, vint installer un café-restaurant dans ces parages, alors absolument déserts. Cette femme, à notre avis, n'était qu'une excentrique, mais dans ce sens que son excentricité était basée sur un calcul qui devait assurer le succès de son entreprise. En effet, de toutes parts on venait pour voir la soi-disant femme sauvage, doublée d'un cordon bleu, et, dans cet établissement que l'on aurait cru voué à un repaire de bandits, venaient festoyer tout ce qu'Alger et même les environs comptait dans le monde des écus ; la distinction des personnages qui fréquentaient ce lieu ne se pesait qu'au poids du métal monnayé. La femme sauvage fit fortune, et depuis, son restaurant a passé par de nombreuses mains conservant toujours son titre, mais nous ne pourrions dire s'il est aussi prospère ; nous nous sommes laissé dire que peu de temps avant son départ, la Femme sauvage avait découvert le cadavre d'un malheureux qui se balançait dans les hideux stigmates d'une mort violente, à un arbre du jardin. Aurait-elle, la sans-cœur, emporté avec elle toute la corde du pendu ?

En dévalant, parmi les contours sans fin, que trace dans sa course capricieuse le chemin du Ravin de la femme sauvage, véritable entonnoir au fond duquel coule, avec des accents joyeux, un coquet ruisseau qui alimente la roue unique d'un moulin, seul vestige que la flamme incendiaire ait laissé debout, nous arrivons, après une heure de marche, au lieu dit « Le Ruisseau », pâté de maisons qui borde la route qui nous ramène à Alger, en passant devant le Jardin d'Essai et le champ de manœuvres.

V. El Biar. — Birmandreis. — Kouba-le-Séminaire, avec retour par Hussein-Dey.

Cet itinéraire d'une longue haleine — car il ne représente rien moins qu'une vingtaine de kilomètres — sera effectué plus confortablement, en utilisant un de ces instruments à quatre roues, plus communément connus sous les noms variés de *calèche* pour le *copurchic*, *fiacre* pour le *bourgeois* et *sapin* pour l'*étudiant* ou autres locutions dont la grammaire française s'enrichira un jour, alors que nos quarante immortels de l'Académie sortiront de l'ornière dans laquelle ils embourbent de plus en plus le véhicule qui porte la première lettre de l'alphabet et qui, paraît-il, n'est pas encore complet. A ce train-là, il faudra, pour échafauder le langage de Larousse, le temps que vécurent les fameuses pyramides d'Égypte, avant la conquête de Napoléon Ier, et nos générations futures pourront rééditer le mot célèbre du Premier Consul, avec cette variante : « Du haut de ces dictionnaires quarante siècles vous contemplent. » Mais laissons nos académiciens dormir dans l'immortel sommeil de leurs non moins immortels lauriers, et engageons de suite une bonne voiture attelée de fringants chevaux, conduite par un automédon qui ne soit pas trop grincheux. Nous avons la bonne fortune de rencontrer Pierre, le cocher qui plusieurs fois déjà nous a conduits et duquel nous ne pouvons que faire l'éloge.

Deux minutes après, nous montons grand train les Tournants Rovigo, franchissons la Porte du Sahel, sous le joyeux tintement des grelots de nos rapides marcheurs, laissant peu après derrière nous les Tagarins, puis les Deux Épées, parcours qui nous est déjà connu, et arrivons, une demi-heure après notre départ, à *El-Biar*, que nous ne traversons qu'en partie, pour tourner à gauche près de l'église. Là seulement commence notre véritable promenade dans l'inconnu et la perspective de nouveaux horizons.

Dès ce point et pendant tout le parcours d'El-Biar à la Colonne Voirol, la vue se porte tout naturellement sur la haute chaîne de l'Atlas, qui, à plus de cent kilomètres à vol d'oiseau, figure à s'y méprendre, les Alpes bernoises et fribourgeoises vues de Neuchâtel. Les cimes les plus élevées disparaissent sous un épais manteau de neige lequel semble atténuer dans une certaine mesure l'action des rayons solaires qui tombent sur nos épaules comme du plomb fondu ; le Mont Bellona, les deux Mamelles de la Négresse, drapés de blanc à cette époque, et le Pic Djurdjura s'estompent en des lignes scintillantes qui se noient dans le bleu transparent d'un ciel sans nuages, et dans tout notre trajet, c'est à peine si notre attention se laisse surprendre un instant à l'aspect des magnifiques villas égrenées comme autant de perles dans un enchâssement d'une verdure luxuriante.

Dans un contour et par une échappée réservée comme à souhait, nous distinguons les montagnes du Tell dominant la plaine de la Mitidja avec ses fermes et ses villages enfouis dans une mer de céréales et de vignobles à la teinte du plus tendre vert. Et, enfin, nous gagnons la Colonne Voirol, où nous faisons une halte d'une heure environ pour déjeuner et laisser à nos chevaux le temps de souffler.

Pierre, notre brave cocher, risquant un conseil, que nous acceptons de bonne grâce, nous dit, avant de nous mettre à table et en prenant un air fin de connaisseur, que ce que nous pouvons nous faire servir de mieux, dans le restaurant où nous sommes descendus, est une omelette à la soubressade.

Va pour l'omelette à la soubressade, nous écrions-nous, et, de fait, Pierre avait infiniment raison, car à la première omelette en succéda bientôt une deuxième, puis une troisième, si bien que notre repas ne se composa que de ce mets, si savoureux d'ailleurs et si cher aux Espagnols et aux Mahonnais.

Après la Colonne Voirol, nous traversons Birmandreis, et, poursuivant notre itinéraire, nous gravissons au pas de nos chevaux le gai coteau de Kouba, jusqu'au Séminaire, objet de notre visite.

Nous n'entrerons pas dans le détail de cet édifice, où se forment en bonne partie les recrues des missions évangéliques catholiques, mais disons à la louange des *Pères-Blancs* qu'ils appliquent la maxime *que l'homme ne vit pas que d'esprit, mais de tous les excellents produits qu'ils récoltent dans leur vaste et important domaine.*

Le retour s'effectue par les parages que nous avons déjà visités, le Ruisseau, Jardin d'Essai et la route de Constantine jusqu'à Alger, où nous rentrons fort tard.

VI. Notre-Dame-d'Afrique et la Vallée-des-Consuls.

Notre-Dame-d'Afrique est aux Algériens ce qu'est Notre-Dame-de-la-Garde aux Marseillais, une église plus particulièrement consacrée au culte des Marins, c'est à elle que, dans le fort de la tourmente, ou sous le choc formidable des lames, tordant dans de sinistres craquements les membrures convulsionnées de leurs frêles embarcations, prêtes à être englouties sous un assaut plus fort que les précédents, c'est à elle que les malheureux pêcheurs, les genoux ployés et les mains jointes, dans une suprême et ardente prière, adressent leurs invocations à la Vierge de Notre-Dame-d'Afrique; c'est encore à Notre-Dame-d'Afrique, qui leur a été clémente, en apaisant les éléments déchaînés, que les marins apportent une offrande dans un pieux recueillement. C'est aussi à la Notre-Vierge-d'Afrique que sont dédiés les *ex votos* de la grande famille des travailleurs de la mer, qui rappellent chacun dans un symbole empreint d'une profonde reconnaissance, un fils épargné, un époux miraculeusement sauvé, un frère arraché à une mort presque certaine, ou un équipage entier en détresse et qui n'a dû son salut qu'à l'intervention providentielle de la Mère du Christ; et rien n'est plus profondément touchant, les jours de service religieux, que de voir ces durs marins, au teint hâlé sous l'action de tous les temps, aux muscles d'acier enserrés sous une enveloppe parcheminée et à l'âme aussi forte que brave dans le péril, courber leur front mâle aux pieds de cette statue dont le marbre froid leur inspire cependant des élans de reconnaissance et de tendre piété, qui met à découvert tout ce que leur rugueux extérieur renferme de profondes convictions et d'inébranlables croyances religieuses.

Élevée sur les hauteurs qui dominent Saint-Eugène, l'Église de Notre-Dame-d'Afrique se voit à une très grande distance. Ses gracieuses et imposantes lignes, qui n'appartiennent à aucun style bien déterminé, mais où la note byzantine prévaut, se détachent dans un orangé fond de tableau qui rehausse encore le caractère austère de cet édifice religieux.

D'Alger on s'y rend par la route de Bab-el-Oued et le Chemin de l'Ermitage, assez raide à gravir et qui, dans toute sa longueur, n'offre que peu d'*ombrage*. De la terrasse de l'église, le point de vue est ravissant; à vos pieds Saint-Eugène et la mer se perdant dans un horizon légèrement vaporeux, en face, et dans le fer à cheval que découpe la baie, c'est d'abord Matifou, *marquant* d'une tache d'ombre, son coquet petit bois de pins, puis le Fort de l'Eau, la future station balnéaire de l'Algérie et Maison-Blanche s'alignent en formes de Marabouts sous un jeu délicat d'argent mêlé d'azur que baignent les reflets solaires renvoyés par la Psyché Méditerranéenne; enfin, plus sur la droite encore et en arrière-plan, Maison-Carrée, voilée à demi par ses verts *eucalyptus*, tandis que dans le lointain la montagneuse Kabylie élève ses flancs recouverts par un blanc manteau de neige.

L'intérieur de l'édifice ne répond pas à la recherche que l'on remarque à l'extérieur; de très modeste apparence, on sent que l'on se trouve en un lieu où *la modestie* doit être souvent prêchée. Rien dans l'architecture décorative ne frappe les regards; et à part une statue en argent massif représentant l'archange Michel et la statue de Sainte-Marie, n'attire notre attention, si ce n'est une collection assez originale d'*ex votos* tapissant les murs de l'entrée latérale et représentant des bras, des pieds, des jambes en cire, des béquilles en bois, au milieu desquels se mêlent de luxuriantes nattes de cheveux noirs, attachées à des faveurs bleues ou roses, suprêmes témoignages de dévotion de jeunes filles ou de femmes s'adressant à Celle qui leur a rendu un fiancé ou un époux sur le point de périr dans l'affreuse conjuration des éléments.

Chaque dimanche, à deux heures trente minutes, une très imposante et très touchante cérémonie a lieu sur l'emplacement qui domine la mer, pour la bénédiction des âmes qui n'ont eu pour linceul que la vague se refermant sur eux dans un sourd mugissement.

En sortant de Notre-Dame d'Afrique, on s'engage dans le chemin dit *la Vallée-des-Consuls*, ainsi nommée parce qu'elle fut longtemps le lieu habité par les consuls étrangers à l'époque des Deys et qui avaient élevé dans cet endroit de magnifiques résidences. Le pays est charmant, mais quelque peu délaissé, et la route elle-même est dans un état qui laisse fort à désirer; mais le pittoresque de ce coin, qui rappelle la France par une végétation exubérante et pleine de fraîcheur, fait qu'on recherche moins les moyens praticables pour s'y rendre que la beauté de ce paysage; et, d'ailleurs, où se trouve le pays dont les routes et les chemins ne formeraient que de vastes et grandioses boulevards? Le cachet légèrement teinté de sauvage de la Vallée des Consuls n'est-il pas fait, au contraire, pour ajouter un charme de plus à cette délicieuse promenade qui vous remplit l'âme de sensations étranges et provoque en vous un débordement qui contraste avec la solitude qui vous environne? A ceux de nos lecteurs qui aiment cette transition du calme de la nature auprès d'un cœur qui excelle dans de fougueux épanchements, nous recommandons la Vallée des Consuls.

VII. Saint-Eugène. — La Pointe-Pescade. — Les Bains Romains. — Le Phare Caxine. — Guyotville. — Staouéli. — Sidi-Ferruch et retour par Chéragas et El-Biar.

Cinquante-deux kilomètres à parcourir! quelle rude étape pour des piétons! Les hardis Zouaves eux-mêmes y laisseraient quelques traînards et une partie de la semelle de leurs godillots; mais rassurez-vous, car cette fois encore nous ferons appel au véhicule qui a succédé à l'historique patache de nos pères.

Le point de départ est la Place du Gouvernement, et notre modeste équipage se met en branle sous les regards de bronze de Philippe d'Orléans, campé fièrement sur un cheval du même métal, puis rapidement nous traversons la rue Bab-el-Oued, laissant le Lycée à gauche et l'Arsenal à droite, et nous franchissons les portes Bab-el-Oued pour suivre la route qui longe la mer, en passant devant la Caserne de la Manutention militaire. A cet endroit, la grève forme comme une collerette que les flots découpent en une fine dentelle d'un dessin varié à l'infini; plus loin c'est le Rocher de Cancale, qui surplombe la mer, mettant à nu des grottes dont les profondes déchirures servent de retraite et d'abri, en été, aux nombreux amateurs de pêche pendant les heures torrides de la journée.

Puis Saint-Eugène avec ses nombreuses villas, séjour heureux et recherché de ceux qui fuient le bruit de la ville et le tracas des affaires. C'est ici le lieu où l'on se repose dans la douce béatitude que procure le calme d'un rivage mollement caressé par le murmure des vagues qui viennent battre dans un rythme langoureux les falaises bordant la mer. Après Saint-Eugène, la route continue à développer son ruban mat en modulant ses contours sur les échancrures que la mer a taillées dans la masse solide des rives africaines, et nous arrivons à la Pointe-Pescade, tout imprégnée des vapeurs alcalines qui se dégagent en une sorte de rosée de l'onde sortant de son premier sommeil.

Nous visitons les ruines d'un ancien fort bâti par les Turcs et qui fut détruit par l'expédition de Michel Cervantes. Ces reliques sont très intéressantes à visiter.

Les Bains romains, non loin de là, méritent également la visite des excursionnistes; ils pourront, dans ces ruines d'un intérêt réel, y relire une page de ce peuple héroïque et dont le génie plana pendant des siècles sur tous les peuples du monde.

Devant nous se dresse, semblable à un formidable cierge tenu par une main de roc, le phare Caxine, phare de premier ordre, et que l'on peut visiter chaque jour jusqu'à 6 heures du soir. Le gardien, avec une courtoisie parfaite, nous fait les honneurs du phare et nous explique son fonctionnement dans ses moindres détails. La portée visuelle de ce superbe flambeau des navigateurs est de 25 milles marines (soit plus de 44 kilomètres). Son mouvement de rotation est imprimé par un mécanisme d'horloge du plus haut intérêt et dont le fini, et surtout l'entretien hors de tout éloge, fait notre admiration.

Nous devons à l'obligeance du gardien-chef, M. Charles Villetain, les renseignements suivants relatifs à ce phare, modèle, allumé pour la première fois le 30 décembre 1868.

Feu blanc tournant à éclipse de 30 en 30 secondes; portée moyenne 25 milles, éclairant tout l'horizon.

Latitude, 36° 48' 24" Nord; longitude, 38° 31' Est.

La hauteur du foyer au-dessus du sol est de 38 mètres et au-dessus de la mer de 64 mètres; le diamètre de l'appareil optique est de 1m80; une lampe-modérateur à poids contient 42 kilos et demi d'huile minérale, alimentant un bec à 5 flammes, consommant en moyenne 1 kilo d'huile par heure; le nombre des marches est de 165 pour arriver à la lanterne.

Trois gardiens logent au Phare avec leurs familles; ils se relaient par quarts égaux et sont, à tour de rôle, de garde de jour pendant une semaine.

Les visiteurs ne peuvent être admis que lorsque le service du matin est complètement terminé et les visites doivent prendre fin une heure avant le coucher du soleil.

A Guyotville (du nom du comte Guyot, ministre de l'Intérieur en 1845), une appétissante bouillabaisse pêchée aux pieds des rochers et sous les fenêtres de l'hôtel où nous nous arrêtons, nous offre les prémices d'un délicieux repas. La matrone de l'établissement, une femme-colosse, qui certainement doit à sa cuisine raffinée une large part de son embonpoint, campée sur une chaise monumentale, mais encore trop étroite pour sa large carrure, regarde défiler les plats qui se succèdent avec rapidité, paraissant satisfaite de l'hommage rendu à ses talents culinaires.

Très confortablement lestés, nous reprenons le chemin qui nous conduit d'abord au village de Staouéli et enfin à Sidi-Ferruch d'historique mémoire. C'est là qu'en 1830 les armées françaises débarquèrent sous les ordres du général de Bourmont. L'armée ennemie, campée à Staouéli, fut culbutée par les vaillantes troupes de Bourmont; mais nous n'entreprendrons pas de peindre ces hauts faits d'armes, l'espace dont nous disposons ne nous permettant pas une incursion aussi détaillée dans le domaine de la conquête de l'Algérie.

Nous arrivons au Fort-Sidi-Ferruch sur le portique duquel nous lisons l'inscription suivante :

ICI

LE 14 JUIN 1830

PAR L'ORDRE DU ROI CHARLES X

SOUS LE COMMANDEMENT DU GÉNÉRAL DE BOURMONT

L'ARMÉE FRANÇAISE

VINT ARBORER SES DRAPEAUX

RENDRE LA LIBERTÉ AUX MERS

DONNER L'ALGÉRIE A LA FRANCE

Et dans la chapelle bâtie par les Romains, nous lisons

HIC EST JANUARI

ET FILII EJUS MEMORIA

QUI VIXIT ANNIS XLVII MENSIBUS V

DISCESSIT IN PACE [illegible] ANNO PROVINC

[illegible]

La première de ces inscriptions flatte encore notre amour-propre national que déjà dans l'obscurité croissante d'une nuit profonde nous commençons à distinguer les premières lumières d'Alger qui nous attend.

VIII. D'Alger à la Bouzaréah et l'Observatoire par El-Biar. Retour par la Vallée-des-Consuls.

Quelques détails typiques, que volontairement nous avons omis, en décrivant le trajet d'Alger à El-Biar, dans une précédente relation, nous permettent de revenir sur cette description et de la compléter par quelques notes intéressantes. Nous n'avions pas fait remarquer, au sortir des Portes du Sahel, à droite, le Fort de l'Étoile, bâti en 1568 par Mustapha, un Sicilien renégat, qui prit du service sous Mohamed ben Sala Raïs et se distingua autant par sa bravoure que par la cruauté de ses exploits, cruauté qui dépassa en horreur tout ce que les annales de l'histoire sicilienne renferment sur le triste rôle rempli par les bandits qui peuplent cette malheureuse île, véritable repaire de vampires toujours assoiffés de sang et de carnage. Les atrocités commises par Mustapha inspirèrent à ses soldats tout à la fois de la terreur et de l'admiration pour leur chef sanguinaire. Mais c'était la crainte surtout qui les rendait souples et dociles, car en leur âme grondait une sourde haine du renégat. On prétend même que l'une des femmes de l'Agha, commandant le fort, voulant débarrasser sa race de ce tyran féroce, imagina de faire sauter le fort. D'aucuns disent que c'est inspirée par la jalousie que cette vaillante femme se livra à un acte aussi audacieux que téméraire. Nous laissons à l'histoire le soin d'éclaircir ce mystère, nous bornant pour notre part à enregistrer les deux versions en cours, et nous poursuivrons notre route jusqu'au Fort l'Empereur, où nous puisons les renseignements suivants sur cette étrange forteresse.

Bâtie en 1545 par Hussein-Dey, le successeur de Kair El Dieu, sur un monticule appelé, nous ne savons pourquoi, le *Koudiat es Saboon* (la montagne de savon). Cette citadelle fut la dernière résistance opposée aux armées françaises.

Le 4 juillet 1830, l'ennemi, se voyant débordé, tenta un dernier effort en essayant de faire sauter ce fort. Mais la mèche fit long feu, car elle ne réussit qu'à détruire la rotonde en forme de champignon qui servait de magasin à poudre.

Le fort tomba entre les mains du général de Bourmont qui y établit son quartier général, et c'est dans cette enceinte fortifiée, encore fumante de l'explosion qui venait de s'y produire, que fut signée la capitulation d'Alger.

A partir d'El-Biar, nous suivons la nouvelle route qui conduit à la Bouzaréah, où il nous est donné d'admirer une fois de plus, et dans une plus vaste étendue, le magnifique panorama que nous avons déjà décrit maintes fois. Le Mont-Chenoua, le Tombeau-de-la-Chrétienne, le Sahel et la Vallée-de-l'Arrach se dessinent dans une semi-circonférence sur laquelle s'attachent des teintes qui passent du bleu cendré au vert le plus sombre. Nous visitons un ancien puits romain qui pousse à la surface des jets d'une eau vive et pure qui se répand en une abondante nappe dans un réservoir où viennent puiser à pleine cruche les indigènes de la contrée. Puis vient la gracieuse et petite mosquée de Sidi-Nouman avec ses koubas ombragées par de minuscules palmiers nains, et enfin nous nous rendons à l'Observatoire, que nous visitons en détail, et au sujet duquel nous publions la notice suivante que nous devons à la plume autorisée de M. Trépied, son éminent directeur.

L'Observatoire d'Alger.

L'Observatoire astronomique d'Alger est établi sur le territoire de la commune de Bouzaréah, dans un site admirable d'où l'on découvre une des plus belles vues qui soient au monde, sur le Sahel, la Mitidja, les montagnes de l'Atlas, et sur la côte d'Algérie, de Saint-Eugène à la pointe de Dellys. Des hauteurs de l'Observatoire, le touriste peut en moins d'une demi-heure descendre au faubourg espagnol de Bab-el-Oued, par un chemin extrêmement pittoresque, contournant la batterie de Sidi-ben-Nour, où il se résout en plusieurs sentiers plus ou moins difficiles, mais dont il est aisé de reconnaître le principal, conduisant, par une série de lacets, jusqu'en face de l'Hôpital militaire du Dey.

Si le touriste s'intéresse quelque peu aux choses de la science, et plus particulièrement s'il est curieux de voir de près des engins puissants qui servent à l'exploration du monde des astres, il peut demander à visiter l'Observatoire.

Un guide bienveillant le conduira dans les divers pavillons dont se compose cet établissement et qui sont désignés, suivant l'usage, par les noms mêmes des instruments qu'ils renferment.

1° *Cercle Méridien.* — On examinera avec intérêt la belle ordonnance de la salle, l'élégance de l'instrument et la perfection de ses détails, le jeu de la toiture mobile et l'enregistrement électrique des observations.

2° *Télescope de [illegible].* — Le miroir de ce télescope est l'un des quatre miroirs existant au monde, sortis des ateliers de Foucault, et argentés suivant la méthode à laquelle il a donné son nom. A remarquer le système original du pont permettant à l'observateur d'arriver jusqu'à l'oculaire de l'instrument et de le suivre dans tous ses déplacements.

3° *Équatorial coudé.* — Demandez à voir fonctionner le mécanisme, grâce auquel l'observateur peut explorer tout le ciel sans changer de place et en mettant l'œil au bout d'un tube qui pointe vers le sol dans une direction invariable.

4° *Équatorial photographique.* — Deux lunettes montées sur un même axe, dont l'une sert à suivre l'image d'un astre quelconque, pendant que l'autre prend une impression photographique de cet astre.

5° *Sidérostat et spectroscope solaire.* — Dispositions très curieuses prises dans le but de conserver immobile, dans une chambre, l'image du soleil agrandie à souhait, pour l'étude physique de la surface de cet astre ou pour l'analyse de la lumière qu'il nous envoie.

A voir aussi la Salle de la Bibliothèque.

Les travaux qui s'exécutent à l'Observatoire d'Alger comprennent l'astronomie stellaire de précision, l'étude des mouvements des planètes et des comètes, la photographie céleste, l'analyse spectroscopique de la lumière du soleil et des étoiles.

On sait que quatorze nations se sont associées pour entreprendre une carte générale du ciel par des procédés photographiques. L'Observatoire d'Alger est un des dix-huit établissements qui se sont partagé le travail. On pourra y examiner avec intérêt les moyens employés pour exécuter ce travail et pour en utiliser les résultats.

Enfin, nous rentrons à Alger, en descendant les petits sentiers qui mènent à la Vallée-des-Consuls, nous enfonçant parfois sous les épaisses broussailles qui recouvrent un sentier à gravir, pour ressortir ensuite dans d'étroites éclaircies au feuillage tremblotant sous l'action d'un souffle frais et doux, et nous engager à nouveau sous des fourrés ombreux qui jettent une demi-obscurité sur nos pas.

Enfin, la Vallée-des-Consuls apparaît dans son cadre éclatant de verdure, et nous rentrons à Alger.

IX. Hussein-Dey. — Maison Carrée. — Fort de l'Eau. Le Cap Matifou.

C'est la grande route de Constantine que nous empruntons, à notre départ d'Alger, longeant les longues bordées de maisons de l'Agha-Inférieur et de Mustapha-Inférieur jusqu'au Champ-de-Manœuvres, vaste terrain militaire, affecté plus spécialement aux exercices de la cavalerie du 5me régiment de Chasseurs d'Afrique, et, transformé à l'époque de l'appel des contingents de réserve, en un immense camp, où fourmillent au milieu d'une nuée de tentes, les uniformes rouge et bleu de nos braves Zouzons, coiffés de leur chéchia au turban blanc. Cet emplacement est également mis à la disposition de la Société hippique, par l'Autorité militaire, pour les courses qu'elle organise chaque année avec un succès toujours croissant.

A quatre kilomètres plus loin, et en suivant toujours la même route, se trouve le tombeau de Sidi Mohamed-Abderrhaman-Bou-Kobris, un Marabout (Saint), originaire du Djurdjura, qui vint à Alger en 1798 et y demeura jusqu'en 1805. Il fut le fondateur d'une puissante secte religieuse dans le territoire des Beni-Ismaël. A sa mort, ses restes furent transportés d'Alger au Hamma, dans le tombeau que nous visitons à cet instant précis. Mais le bruit ayant couru chez les Kabyles du Djurdjura, et au sein de la tribu des Beni-Ismaël, que le corps de leur chef religieux avait été transféré à Alger, aussitôt une grande animation se produisit parmi ces tribus, agitation qui ne prit fin que lorsque une députation de leurs chefs autorisés, put constater *de visu*, que le grand maître de leur secte reposait toujours dans la même sépulture. Mais la légende répandue, et qui s'était de suite accréditée dans ces esprits fanatiques à l'excès, donna lieu à la croyance générale qu'un miracle s'était opéré, et que Sidi-Mohamed-Abderrhaman, dormait de son dernier sommeil dans deux tombes à la fois, d'où l'appellation de Bou-Kobrin, qui signifie : « Le Saint aux deux tombeaux. »

La secte de Sidi-Mohamed-Abderrhaman est une des plus puissantes de l'Algérie après celle de Sidi-Okba.

Les mendiants indigènes se réclament toujours de préférence de ces deux saints pour demander l'aumône, comme si cette invocation, d'ailleurs incomprise, devait faire tomber davantage de gros sous dans leurs mains grêles et décharnées.

Ce monument reçoit chaque vendredi le pèlerinage des nombreux adeptes de ce Saint vénéré.

Nous arrivons ensuite à Hussein-Dey, du nom du prince qui soutint les dernières luttes contre nos armes, et qui possédait, à l'endroit où plus tard devait s'élever le village florissant que nous traversons, une superbe villa, occupée actuellement par un dépôt de tabac. « O dégénérescence des gloires de ce siècle ! D'un palais, tu en fais un vulgaire dock à tabac. »

Quelques centaines de mètres plus loin, et sur le bord du rivage, s'échelonnent sur un tapis sablonneux les sépultures du Cimetière musulman : « Eopphanat-El-Moudjadin », dont la traduction est « La Batterie des Champions de la Guerre-Sainte. »

Ce cimetière est la remémoration de la grande victoire des Turcs, les Deys de Constantine, sur O'Keilly, un général espagnol (ce O'Keilly nous paraît dégager un certain fumet Irlandais, mais qu'importe, l'histoire veut qu'il soit Espagnol, tant pis pour lui s'il n'a pas su grandir suffisamment pour être un véritable Espagnol), qui essuya une défaite complète sur ce champ de bataille, qui devint plus tard le Champ des Morts.

D'Hussein-Dey à Maison-Carrée, nous avons cinq kilomètres à franchir, dans une double rangée de jardins maraîchers où toutes les variétés de légumes de saison forment un ensemble des plus variés et présentent un aspect si appétissant qu'on les dévorerait sur place sans sel ni poivre. Ce sont, en général, les Mahonnais qui sont propriétaires ou simplement locataires de ces Eden de l'alimentation; et nous devons leur rendre cette justice qu'ils excellent dans l'art de cette culture, et, sous ce rapport, ils sont de beaucoup supérieurs aux rares maraîchers français qui, en Algérie, ont embrassé cette profession. Leur manière de procéder et de tirer parti du moindre centimètre de terre laissé à leur disposition cause l'admiration générale. D'une sobriété exemplaire et travailleurs émérites, ces braves gens arrivent, par leurs connaissances profondes en la matière, par un travail opiniâtre et une économie bien comprise, à réaliser de beaux bénéfices, malgré le montant exhorbitant du prix d'achat ou de la simple location de ces terrains, cette dernière allant jusqu'au prix de mille francs l'hectare. Que de bottes de radis à un sous, au détail, ou de salades au même prix, artichauts à huit sous la douzaine, il faut faire pousser pour payer cette extravagante location d'abord, et les frais généraux ensuite, sans compter le gain rémunérateur qu'ils en retirent. Enfin, nous débouchons à Maison-Carrée en passant sous le pont du chemin de fer; une lignée de maisons nous conduit à un autre pont; celui-là jeté sur l'Harrach, et nous pénétrons sur la Place publique, au milieu de laquelle se dresse le gracieux et coquet Hôtel-de-Ville. Notre première visite est pour la Maison-Centrale où sont renfermés les détenus condamnés à un simple emprisonnement, ou les forçats attendant leur transfert en Nouvelle-Calédonie, par un paquebot périodique, et spécialement affecté à leur transport. Cette prison est un ancien fort turc, érigé par Mohamed V, alors Dey d'Alger, en 1721. En 1826, l'Agha-Ichia, l'agrandit en y plaçant de forts canons. Mais, après la conquête, les canons furent enlevés et l'ancien fort turc devint à la suite d'aménagements spéciaux, le dépôt qui existe actuellement. Le nombre de prisonniers que peut contenir ce donjon cellulaire est de mille environ, mais sur ce nombre trois ou quatre cents à peine y sont à demeure fixe. Les autres, les moins punis et, par conséquent, les moins criminels, travaillent à l'extérieur dans un périmètre de plus de quatre kilomètres. Leur uniforme est en toile blanche, le pantalon coupé à la hauteur des genoux; la coiffure varie selon l'importance de la condamnation; ainsi, la calotte rouge (ou tarboush) est le signe distinctif des condamnés à court terme, tandis que la calotte jaune indique les condamnations à long terme. Une garde de quarante hommes est attachée à l'établissement; chaque prisonnier est pourvu d'une natte en diss et d'un matelas de paille. Une infirmerie construite à part reçoit les malades et les vieux prisonniers infirmes et contient quarante à septante lits. Leur nourriture consiste, le matin, en un bol de soupe faite avec du pain, des pois, des choux, du riz et des légumes verts à l'huile; le soir, le repas est composé de pois et de riz. Les prisonniers reçoivent la même ration de pain que les troupiers; de la viande, il ne leur en est donné qu'une fois par semaine.

L'argent qu'ils gagnent apporte quelques douceurs à ce frugal menu, douceurs qu'ils peuvent se procurer à la cantine de l'établissement; ceux qui travaillent dehors sont plus heureux que leurs condisciples de l'intérieur, car étant mieux rétribués, ils sont mieux à même ou plutôt en mesure d'apporter de notables adoucissements au dur régime qui leur est imposé. Les prisonniers de l'Harrach sont en quelque sorte mis en régie par le Gouvernement, qui traite à forfait avec un « entrepreneur » (charmant terme), qui prend à sa charge la nourriture des forçats, leurs effets et même les soins médicaux et d'infirmerie, moyennant une rétribution de soixante centimes par homme et par jour. En dehors de cette redevance, le dit entrepreneur a la faculté de louer les services des hommes qu'il a pris en régie aux fermiers des environs, mais cela se fait sous son entière responsabilité, en ce qui concerne la conduite et le gardiennage de ses « moutons »; il en emploie également un certain nombre pour ses besoins et travaux personnels, les règlements l'obligeant à fournir à chaque homme ainsi employé à l'extérieur de la prison une somme de vingt centimes par jour, et comme leur nombre s'élève à quatre ou cinq [illegible] journellement, il est facile de se rendre compte du rapport que peut lui procurer cette main-d'œuvre vénale.

Nous nous rendons ensuite dans les établissements très vastes de MM. Altairac fils. Ici ce sont leurs importantes carrosseries qui occupent toute une pléiade d'ouvriers auxquels le travail ne fait jamais défaut. Là ce sont d'immenses bâtiments de briqueteries, dont la production journalière atteint des proportions colossales. Tout ce monde que nous voyons penché sur le travail, affairé, silencieux et l'air heureux, nous est un augure certain et manifeste des sympathiques rapports qui existent entre le personnel ouvrier et ses chefs. D'autres ateliers de confection militaire et de chaussures sont installés dans leur magnifique immeuble de la rue de la Liberté à Alger. Ajoutons que le charmant village de Maison-Carrée doit à MM. Altairac le développement et l'aisance que nous constatons aujourd'hui.

C'est sur cette impression que nous prenons congé de Maison-Carrée, nous dirigeant sur Fort-de-l'Eau distant de 18 kilomètres d'Alger.

Fort-de-l'Eau était primitivement un ancien fort, bâti en 1581 par Djafar-Pacha pour la défense de la baie de Mustapha, et autour duquel sont venus se grouper peu à peu de nombreuses habitations avec de grandes dépendances de terres, formant actuellement un très grand centre de culture maraîchère. Ce village, dont la propreté est devenue proverbiale, est habité dans sa presque totalité par des Mahonnais (îles Baléares), et qui à l'instar de leurs compatriotes d'Hussein-Dey, y ont créé une des sources du grenier d'abondance qui alimente les marchés de légumes d'Alger.

L'ancien fort, très intéressant à visiter, est occupé aujourd'hui par un poste de douaniers chargés de la surveillance de la côte contre les débarquements clandestins des nombreux contrebandiers espagnols qui cherchent dans ces parages, favorables à l'accès de leurs légères balancelles, à introduire en fraude leur cargaison prohibée.

Nous y trouvons un restaurant mahonnais fort réputé par ses délicieuses soubressades que l'on y sert. Les femmes sont, en général, fort belles et présentent le type parfait et sans mélange de la race ibérique aux chaudes carnations.

Du Fort-de-l'Eau au Cap Matifou, une route longue de neuf kilomètres nous y conduit, donnant à Alger que nous apercevons par delà le bras de mer, l'aspect d'une vaste nécropole musulmane, tandis que devant nous se déroule une succession presque ininterrompue de domaines mis en valeur par différents produits. A Matifou est établi le Lazaret des Quarantaines, baraquements en planches avec étuves à désinfecter, et où sont dirigés les passagers des navires qui arrivent à Alger de ports contaminés par une épidémie infectieuse quelconque : choléra, typhus, variole noire, etc.

Le paysage est ravissant et la vue se repose avec délices sur une étendue de verdoyant apparat, qui étend sa robe tendre jusqu'à la crête du Petit-Djurdjura. [illegible] Tour Turc, élevée par l'Agha Ramdan en 1660, et qui servait de poste d'observation contre les pirates toujours prêts à tenter un coup de main sur nos rives [illegible].

Un coquet steamer de MM. A. Achaume et Cie nous prend à son bord pour nous ramener à Alger ; délicieuse traversée qui couronne dignement cette excursion si abondante en attraits de toutes sortes.

X. Le Frais Vallon

Le Frais Vallon est l'avant-clôture de nos promenades et excursions aux environs d'Alger, et si nous l'avons conservé comme baisser de rideau, c'est que derrière cette toile digne d'un pinceau artistique devait se former l'apothéose des lignes resplendissantes d'éclat du paysage qui encadre Alger la Superbe, et nous ajouterons que, si son nom est un titre, ses sites en sont la poésie, mise en musique par les mille gazouillements d'un organe musical qui, de branche en branche, jette sa note limpide et claire se répercutant en de mélodieux accords tout le long de la vallée étroite et d'un aspect saisissant du Frais Vallon, les scandes et les trilles s'élèvent dans un rythme harmonieux sous les sourires satisfaits de Phœbus, le grand chef d'orchestre de ces *impressarii* du bosquet.

Pour vous rendre à ce concert, qui d'ailleurs ne comporte pas de programme et moins d'entr'actes encore et qui n'attend de votre générosité qu'un peu de silence, suivi bientôt d'une douce extase, prenez la route qui, des Portes Bab-el-Oued, s'engage dans le quartier de ce nom, en longeant la Réserve de la Société de Tir; puis suivez la première artère que vous trouverez à votre gauche et qui, après avoir décrit quelques contours, vous amènera à *Robinson Restaurant* qui ouvre l'entrée du Frais Vallon. Là déjà on se croirait sous un autre climat, la température est moins surchauffée; et plus on pénètre dans le chemin étroit et ombreux qui trace un sillon entre les deux montagnes qui se relient dans leur base, on se sent saisi par la fraîcheur qui monte par bouffées parfumées du ruisseau en cascades qui se joue en de longs murmures sous une voûte épaisse de plantes aromatiques et de mûriers sauvages. On arrive ainsi à une petite villa arabe où se trouvent les sources miraculeuses de l'Aïn Sakran. Dans son enceinte se trouvent plusieurs Koubas (tombeaux) de Marabouts célèbres et parmi lesquels celui du très vénéré Sidi Djeblar, l'apôtre des femmes divorcées de l'Islam. Les eaux d'Aïn Sakran sont ferrugineuses, alcalines et carbonées; elles forment la base de certains spécifiques très recommandés aux Croyants (quelque chose comme les eaux de Lourdes chez les fervents catholiques). En élevant nos regards, nous découvrons la demeure du célèbre docteur arabe qui, dit-on, possède tous les moyens curatifs des maladies jusqu'ici les plus rebelles à la science médicale. Nous devons à la vérité de dire que les Musulmans ne sont pas les seuls à chanter ses louanges, car nous avons ouï maints Européens déclarer avec une parfaite bonne foi qu'ils n'avaient dû le salut qu'au traitement miraculeux du fameux docteur arabe. La foi est souvent le meilleur remède à bien des maux.

A notre retour, nous gravissons le chemin rocailleux qui conduit au cimetière arabe, situé en plein nord sur le versant qui prend naissance à la Prison civile, pour descendre en pente raide sur la route que nous venons de quitter.

Cette agglomération de sépultures, dont la simplicité révèle un des côtés pleins d'une originalité humble, chez cette race primitive, nous permet une comparaison qui nous amène à penser que ceux-là qui, pour être plus modestes que nous dans l'apparat du souvenir élevé sur les restes d'un être aimé, n'en ressentent pas moins une aussi vive douleur; car il nous est donné le pénible spectacle de plusieurs femmes courbées sur une tombe fraîchement recouverte et formée de quelques pierres seulement, gémissant dans des convulsions atroces, qui nous remuent profondément, et récitant de leurs lèvres blémies par la douleur les litanies du Coran.

....

XI. Notre-Dame de la Trappe de Staoueli.

Il est bien des manières de se rendre en cet endroit si hospitalier. Les uns, le bas de l'échelle sociale, ou pour les distinguer sous une épithète bien coloniale et également pittoresque, « l'armée roulante », ramassis de va-nu-pieds cosmopolites, robustes fainéants, qui savent que, sans avoir besoin de le gagner, leur couvert est toujours dressé à l'hôtellerie de Notre-Dame de la Trappe, s'y rendent à pied, traînant dans la poussière que soulève leur marche alourdie par l'habitude du désœuvrement, une mauvaise sandale, retenue à la cheville par un prodige de dernière résistance d'une ficelle usée jusqu'au dernier fil et qui, dans leurs déhanchements de lézards mal réchauffés, s'appuient sur un bâton dérobé au hasard du chemin dans quelque propriété avoisinante.

On les voit, tirant par bouffées la fumée d'une cigarette que, « par hasard », ils ont soutirée à un brave colon rencontré sur la route, alléguant un oubli involontaire de leur tabac « resté sur la cheminée » avant le départ. Ceux-là sont légion, ils deviennent, pour ainsi dire, les pensionnaires attitrés de ce lieu de refuge et de bien-être, qui ne leur demande qu'une intermittence de quelques jours entre chacune de leurs visites intéressées, et si, par aventure, il vous arrivait de les rencontrer sur votre passage, préparez à l'avance un et même plusieurs paquets de cigarettes, vous n'en aurez jamais assez pour répondre *aux nombreux oublis involontaires* de ces messieurs.

D'autres, de plusieurs échelons plus élevés et que d'aucuns qualifient de « bourgeois », empruntent, non des cigarettes, mais le service régulier des pataches qui s'ébranlent dans de convulsifs cahotements de la place Mahon, toutes les deux heures, à partir de 5 heures du matin. Le prix de la course est, d'ailleurs, fort modique, car pour la somme de vingt sous bien comptés, on vous sert au minimum de quinze à vingt secousses par minute, de telle sorte qu'à la fin du trajet votre estomac est littéralement descendu dans le talon de vos bottes. Mais que ce système de locomotion ne vous effraie point, car, à notre avis, il présente cet appréciable avantage de vous mieux préparer au très réconfortant déjeuner qui vous attend chez les vénérables Trappistes.

Enfin le *High Life* ou *Copurchic*, pour nous servir d'une expression fin de siècle, se fait très délicieusement trimbaler sur les coussins moelleux de nos confortables calèches algériennes. C'est à ce dernier mode de véhiculation que vous donnerez la préférence, à n'en pas douter, aussi est-ce celui que nous adopterons sans réserve. A deux pas de notre hôtel, nous avons Place Bresson, une station de voitures, nous convenons du prix avec un cocher : « Vingt francs pour la journée et un petit pourboire bourgeois. » En route! Par les Tournants Rovigo, nous arrivons à la hauteur de la cartoucherie, d'où nous contemplons, dans le prisme radieux du soleil levant, le réveil de la capitale algérienne, tandis que, dans le fond, une légère brume glisse doucement sur l'onde pâlie par les reflets diaphanes d'un ciel que la lumière solaire n'a pas transpercée complètement encore. Des filets bleuâtres s'échappent çà et là en spirales alourdies par une atmosphère oppressée des cheminées de la Casbah, que nous avons à nos pieds; et, du haut des minarets, monte la voix glapissante des *muezzins*, appelant les croyants à la prière matinale et saluant par Allah l'aurore d'un nouveau jour.

Sur notre chemin, nous rencontrons les troupeaux de chèvres qui descendent du hameau des *Tagarins* et lesquels, chaque matin, se répandent dans les rues d'Alger, où le produit de leurs mamelles rebondissantes est livré à la consommation.

Quelques pas plus loin, et dans un épais rideau de pins, se dresse, majestueux dans son cachet d'ancien manoir, le *Fort l'Empereur*, dernière sentinelle avancée de l'ancienne défense d'Alger. Puis, en continuant notre route, nous arrivons par un long détour aux *Deux Entêtés*, estaminet de modeste apparence et dont l'enseigne représente une femme tirant à la rompre sur la bride de son bourriquot, qui s'obstine à ne pas vouloir franchir un ruisselet à peine large comme la longueur de ses deux oreilles.

Des Deux Entêtés à El-Biar, il n'y a guère que cinq cents mètres à parcourir. Le charmant petit village d'*El-Biar* est quelque chose comme un fruit réputé, une fleur recherchée, un site que l'on se dispute, si nous en jugeons par l'agglomération des ravissantes villas qui l'encadrent, découpant leur blanche et gracieuse silhouette sur le fond tendre d'un immense tapis de verdure, coupé lui-même par de superbes corbeilles de fleurs aux nuances multicolores du plus merveilleux effet.

Après El-Biar, nous entrons en pleine campagne, et jusqu'à Cheragas, ce n'est qu'une suite ininterrompue de prairies verdoyantes, de champ d'orges et de blés, balançant leur tête altière dans une cadence gracieuse qui fait ployer sous leur fardeau plein d'espérances, leurs tiges frêles et tendres.

Chéragas est le type parfait du village colon. De tous côtés, c'est un va et vient de paysans affairés, d'instruments agricoles que l'on remue, de chariots qui roulent en grinçant des essieux, le tout dominé par le bruit sonore du fer rougi à blanc et que martelle à force de bras, dans un rythme scandé, le forgeron de l'endroit.

Les troupeaux par bandes séparées viennent boire à la fontaine commune, placée au centre du village, laquelle est surmontée du buste en bronze du vaillant soldat que son indomptable énergie et sa bravoure ont fait surnommer « l'homme à la tête de fer », nous avons nommé le maréchal Pélissier.

Étrange contraste que celui qu'offre cette mâle figure personnifiant la guerre et contemplant du haut de son piédestal ces ruminants à l'œil doux, se désaltérant, image éloquente des éléments de la paix et du travail. Nous ne nous attardons pas à Chéragas, et bientôt nous laissons loin derrière nous les dernières maisons de ce centre paisible de travailleurs; la distance qui nous sépare de Notre-Dame de la Trappe, à peine 4 kilomètres, est bien vite franchie sous l'allure rapide de nos vaillants petits chevaux arabes, et nous mettons pied à terre devant le monastère qui nous ouvre ses portes grinçant sur leurs gonds.

Une Visite à la Trappe. *

L'étranger qui visite une maison de la Trappe se croit transporté au douzième siècle et contemporain de Saint-Bernard. S'il tient dans ses mains la règle de Saint-Benoit, il n'éprouve aucune peine à découvrir l'explication, à pénétrer la raison des pratiques touchantes dont il est témoin et qui l'étonnent en l'édifiant.

Avant de frapper à la porte du monastère, il lit dans le vénérable livre des règles : « Qu'on reçoive tout étranger comme si c'était le Christ lui-même. » La porte s'ouvre; il est reçu à genoux par un frère, et deux religieux viennent se prosterner jusqu'à terre devant cet hôte inconnu dans la personne duquel ils vénèrent le Fils de Dieu.

Dans la cour intérieure, autour de l'enceinte réservée que protége le mur de clôture, règne l'activité d'une ruche d'abeilles. Ici, un frère fait sortir de la bergerie un innombrable troupeau qu'il conduit aux pâturages; un autre s'éloigne du couvent, portant sur ses épaules les outils du jardinage; d'autres, enfin, reviennent chargés de divers fardeaux. Si c'est l'heure du travail général, les religieux de chœur eux-mêmes sortent sur un rang, les uns derrière les autres. Dépouillés de leur coule, leur robe blanche relevée sous leur scapulaire noir, les pieds embarrassés dans de lourds sabots, la bêche sous le bras gauche, ils s'avancent en silence et récitant leur chapelet. Un des supérieurs les précède et salue seul l'étranger, tandis que les autres passent la tête couverte de leur capuce et sans lever les yeux. Ils vont ensemble se livrer aux durs travaux des champs et, comme leur père Saint-Bernard, prendre pour maîtres dans la science de Dieu des hêtres et des chênes des forêts.

Dans sa promenade d'observation autour du monastère, le visiteur

* Cette notice présente d'autant plus d'intérêt qu'elle est due à la plume compétente du directeur de la Trappe, et destinée spécialement à notre publication.

de la Trappe découvre des religieux occupés à différentes industries. Au bruit cadencé et retentissant de la forge se mêlent d'autres bruits qui révèlent à l'oreille la présence des métiers les plus divers. Tous les arts utiles aux moines agriculteurs sont cultivés à la Trappe. Le législateur l'a ainsi ordonné pour qu'aucun besoin de la vie matérielle ne fournît aux religieux une occasion de sortir, au grand détriment de leurs âmes.

Pour ne pas dérober au Père Abbé un temps précieux qui doit être consacré surtout à procurer le bien spirituel de ses frères, un économe est chargé de veiller aux intérêts matériels et de surveiller l'agriculture et les métiers. Le visiteur peut l'apercevoir; on le lui nomme; il s'appelle le Père Cellérier.

Sur les cloîtres s'ouvre la belle salle où le Père Abbé, entouré de ses enfants, écoute leurs observations. L'étranger aperçoit dans cette salle du chapitre, qui est, après la chapelle, le lieu le plus saint du monastère, le siège abbatial sur lequel le Supérieur se place pour présider l'assemblée, ayant à ses côtés le prieur et le sous-prieur. Ces dignitaires sont les lieutenants que la règle lui accorde pour l'aider à accomplir les devoirs de sa charge. En les instituant, le législateur a déterminé les titres qui servent à les désigner.

Voici la chapelle; notre pèlerin y pénètre au moment solennel de l'office. Il écoute: les hymnes du bréviaire de Cîteaux retentissent à ses oreilles; il regarde; les scènes majestueuses de la liturgie cistercienne se déroulent devant ses yeux, et Rome a reconnu l'authenticité de ce bréviaire et de cette liturgie.

Les Trappistes se lèvent à minuit, une heure ou deux heures, pour chanter l'office de la nuit qui se termine toujours à quatre heures ou quatre heures et demie du matin; ils reparaissent au chœur six autres fois dans la journée, chantant avec gravité mais avec ardeur les louanges de Dieu.

Pendant les deux tiers de l'année, les Trappistes ne font qu'un repas: ce repas unique est retardé jusqu'à deux heures et demie, du 14 septembre au carême, et jusqu'à quatre heures et quart pendant le carême. Le reste de l'année, le dîner a lieu à midi et une collation est permise le soir.

Malgré un régime si pénible à la nature, presque tous ces religieux jouissent d'une santé florissante et prolongent jusqu'à une extrême vieillesse cette vie de travail et de silence perpétuel.

Et cependant, leur sommeil est aussi court que leurs repas sont peu nombreux. Couchés dans un dortoir commun, ils dorment peu, toujours vêtus et chaussés, sur une couche dure et grossière. Le lit est composé de deux planches, avec une natte de paille piquée recouverte d'une toile, une couverture de laine et un traversin garni de paille.

Telles sont les mœurs des Trappistes, et, qu'il soit permis de le redire, ces étonnantes austérités sont une part de l'héritage qu'ils ont reçu de leurs pères, car ces moines agriculteurs ne datent pas d'hier et ont un passé non moins long que glorieux.

Staouëli est situé à dix-sept kilomètres d'Alger à l'ouest. C'est une vaste plaine qui s'incline légèrement depuis les versants du Sahel jusqu'à la Méditerranée. Au loin, Sidi-Ferruch, la baie célèbre forme un arc nettement dessiné par une frange d'écume.

« C'était là que, le 14 juin 1830, le lendemain de la Fête-Dieu, nos soldats s'étaient jetés hardiment, avec de l'eau jusqu'à la ceinture et en élevant au-dessus de leurs têtes leurs cartouches et leurs fusils. C'est de là qu'ils avaient pris leur course pour débusquer des plateaux voisins les nuées d'Arabes qui s'y étaient retranchés et remplissaient l'air de leurs cris sauvages. » (*Louis Reybaud.*)

C'est dans cette plaine de Staouëli que, le 19 juin 1830, l'aga Effendi Ibrahim, gendre du Dey, se retrancha avec une armée de cinquante mille hommes. Cinq mille Arabes périrent dans ce lieu désert où un silence solennel a succédé au bruit de la fusillade et aux cris des combattants. Du côté des Français, cinq cents hommes furent mis hors de combat. Le second fils du général en chef, Amédée de Bourmont, tomba glorieusement blessé au premier rang et mourut des suites de sa blessure le 7 juillet suivant.

« Lorsque, le 3 septembre, le maréchal de Bourmont s'éloignait d'Alger, triste, pauvre, injurié même, il n'emportait avec lui, des cent millions de la conquête, que le cœur de ce fils mort en combattant pour cette France qui le rejetait. » *(Louis Veuillot.)*

Le monastère des Trappistes s'élève à l'endroit même où se livra cette bataille.

De vastes et superbes jardins avec leurs fruits et les merveilleux légumes qui les décorent et les enrichissent, avec leurs mille canaux et leurs longues allées d'arbres et de verdoyantes pépinières, ont remplacé les stériles bruyères, les troncs calcinés des oliviers brûlés dans les dernières batailles ou les tristes et perpétuels bouquets de palmier nain.

Ce qui n'était autrefois qu'un sol hérissé de chardons et d'épais buissons est devenu aujourd'hui une ferme immense, ateliers de toute sorte, gerbes entassées, troupeaux nombreux, champs cultivés au loin, côteaux couverts de magnifiques pampres.

Au lieu de ces sons cadencés de l'airain qui mesure les heures, au lieu du tintement pieux de la cloche du monastère, au lieu de ces longs cantiques, de ces prières mêlées au bruissement du vent et au murmure lointain des flots, aussi bien durant le calme des nuits abrégées que parmi les labeurs du jour, on n'entendait autrefois que les cris des hiboux, les glapissements des chacals et les rauques accents des hyènes et des panthères.

Que de sacrifices, que de généreux efforts il a fallu pour fonder ainsi la Trappe de Notre-Dame de Staouéli!

Les religieux Trappistes, ces moines qui ne parlent pas, mais qui agissent, ces hardis pionniers de la civilisation ont fécondé de leurs sueurs et de leur sang une terre autrefois couverte de ronces et de buissons.

Staouéli a traversé victorieusement des épreuves difficiles et des temps malheureux. Il n'a pas été troublé dans son œuvre de civilisation chrétienne.

Dom Augustin gouverne toujours avec sagesse et bonté la grande famille qui vit heureuse sous sa paternelle direction.

Devant la porte principale, le vieux palmier élève toujours ses rameaux vénérables; un palmier plus jeune croît à ses côtés, symbole touchant de l'éternelle jeunesse des ordres monastiques dont l'arbre séculaire figure l'immortalité.

Dans la cour intérieure, le jet d'eau, qui ne se tait ni jour, ni nuit, retombe dans sa coupe de marbre blanc qui rappelle l'aimable et pieux souvenir de Mgr. Dupuch. Tout autour, les orangers et les arbustes ont grandi et présentent un coup d'œil ravissant. Le visiteur chrétien qui est admis à parcourir en silence le jardin intérieur réservé, comme le cloître qui l'entoure, à l'usage des religieux, se surprend à penser que la clôture est comme une haie protectrice qui, du côté du monde, ne présente que des épines, mais au dedans est couverte de fleurs.

Les ressources dont disposent les moines servent à soulager les pauvres qui fréquentent l'abbaye et à exercer une inépuisable hospitalité; elles sont, en outre, employées à doter les paroisses voisines d'églises et d'écoles de sœurs. Les villages de Staouéli, Zéralda, Guyotville, Ouled-Fayet, Mahelma, Douéra, etc., ont éprouvé la bienfaisance des religieux leurs voisins. Les hôpitaux d'Alger, les sœurs de charité, les petites sœurs des pauvres, les œuvres diocésaines se ressentent heureusement du voisinage de la Trappe qui étend sa munificence sur le continent.

Ces œuvres innombrables, si propres à attirer les bénédictions de Dieu, n'ont pas nui aux intérêts matériels de Staouéli. Agriculteur consommé autant que fidèle religieux, le Père Abbé a dirigé avec un bonheur persévérant son immense propriété. Les dépendances du monastère ont été reconstruites sur un plan vaste et commode et augmontées de constructions nouvelles qui font ressembler l'abbaye à un grand village silencieux, mais plein de vie et de mouvement. Quant aux terres, elles sont toutes défrichées; les rares espaces où le palmier nain règne encore sont imperceptibles ou absolument rebelles à la charrue et à l'extirpateur. C'est là, au milieu des vignes, les unes naissantes, les autres vigoureuses, qui couvrent 400 hectares, qu'apparaissent des fermes élégantes, dont quelques-unes sont de vrais monuments et portent les noms d'Aiguebelle ou de Melleray, ou les noms [illegible] des grands [illegible] de Cîteaux. Elles sont habitées par des familles de colons honnêtes et laborieux et reposent agréablement la vue au milieu de ses immenses solitudes auxquelles le défrichement n'a pas enlevé tout à fait leur tristesse et leur monotonie.

L'Algérie reçoit d'inappréciables services du grand monastère de Staouéli. Les colons peuvent y voir comment le travail, l'ordre, l'économie, l'intelligence sont [illegible] appliqués aux progrès [illegible] donnent rapidement l'aisance et la richesse, [illegible] la charité la plus généreuse peut sortir de la pauvreté [illegible], car les Trappistes de Staouéli, en même temps qu'ils sont d'une économie rigoureuse pour eux, font des miracles de générosité envers les passants, les pauvres, les voyageurs, à qui jamais ils ne refusent leur hospitalité. Il n'est pas en Algérie de grandes misères qu'ils ne secourent, de souscriptions charitables ou de fondations utiles auxquelles ils ne se fassent un devoir de concourir, de paroisses, d'églises et d'écoles, dans les alentours de leur demeure, qu'ils ne soutiennent. Et tout cela qui, [illegible], est pour tous, Européens, indigènes, chrétiens, musulmans, une prédication éloquente de ces moines voués au silence, ils le doivent à l'agriculture et aux succès qu'ils obtiennent dans leurs vignes, dans leurs jardins, dans leurs [illegible], dans leurs productions industrielles.

Un écrivain d'une certaine célébrité a dit que les monastères sont des lieux de refuge, une sorte de bagne religieux, un exutoire de la société, une retraite ouverte aux grands pécheurs, un asile offert aux criminels.

Non, la Trappe ne cache pas sous ses cloîtres paisibles et silencieux des hommes qui, couverts de souillures, fuient les regards de la société; non, il n'y a pas dans cette retraite de grands coupables appelant sur eux la miséricorde du ciel et désespérant de l'obtenir. Sans doute, le désir d'une pénitence plus sévère y conduit quelques personnes qui veulent expier leurs fautes d'une vie de faiblesse et de dissipation; sans doute, sous la robe du Trappiste battent des cœurs timorés et repentants qui s'exagèrent saintement la gravité de leurs erreurs et croient ne jamais satisfaire à la justice divine.

Mais il s'y rencontre aussi, et en plus grand nombre, des âmes innocentes que le souffle du vice n'a point souillées, de ces chastes colombes qui, sous une chair mortelle, vivent déjà comme des anges; des jeunes gens qui ne veulent pas s'exposer sur la mer du monde, si fertile en naufrages; des vieillards qui sont bien aises de faire une halte avant la fin de ce court voyage qu'on appelle la vie et de ramasser quelques bonnes œuvres pour les offrir à Celui qui nous demandera compte, au dernier jour, de nos pensées, de nos actions et de nos moindres paroles. Ce sont des militaires, accoutumés à l'obéissance et au sacrifice de leur vie, qui s'enrôlent dans la milice du Seigneur, dans sa garde d'élite, assurés d'y conquérir les premiers rangs et d'y remporter, s'ils le veulent, des plus éclatantes victoires; car il y a sous ces apparences d'hommes chétifs et volontairement pauvres, des caractères fiers, des âmes indépendantes et des cœurs d'un courage sûr. Ils ont fait leurs preuves dans plusieurs campagnes qui leur valurent des récompenses nationales. Ce sont des marins que les dangers d'une mort imminente ont façonnés au mépris de la vie et qui désirent aborder sûrement au port du salut. Ce sont des magistrats, des jurisconsultes, d'anciens fonctionnaires publics qui, connaissant le néant des choses humaines, ne veulent plus commander, mais uniquement obéir. Enfin, ce sont de pieux séminaristes qui, après avoir fait l'édification d'un séminaire, redoutant les dangers qu'ils auraient à courir au milieu d'un siècle corrompu, aspirent à une vie plus parfaite et viennent se consacrer au Seigneur sans réserves.

Rien de plus intéressant qu'une visite à la Trappe, rien de plus saintement utile. Si les yeux sont charmés par la splendeur de ces riches campagnes, le cœur est incliné vers les généreuses résolutions par le spectacle des plus belles vertus.

Notice sur Blida.

Ce qu'était Blida avant la Conquête.

L'expression *Blida*, que les Arabes écrivent et prononcent *El-Blida*, signifie littéralement : « la petite ville » ou « villette ». L'absence complète des vestiges romains, sur l'emplacement de Blida, détruit l'hypothèse du voyageur anglais Shaw qui, vers le milieu du XVIIIe siècle, avait écrit que Blida s'élevait sur les ruines de *Bida-colonia*, dont M. O. Mac-Carthy a, d'ailleurs, fixé depuis exactement la place, dans le haut Sebaou, à *Djema Saharidj*. Blida a donc une origine essentiellement arabe, sans passé lointain, si l'on doit admettre que les incomparables sources de l'*Oued Sidi-el-Kebir*, qui l'alimentent et dont la légende attribue la découverte au Marabout *Sidi Ahmed-el-Kebir*, ont seules déterminé la création de cette ville. Ces sources abondantes et vivifiantes ont pu jaillir à la suite d'un tremblement de terre si fréquents dans la région [1]. Enfin, il demeure aujourd'hui certain que Blida fut fondée, vers l'an 1535 (941 de l'hégire), sous le pacha *Kheir-ed-Din*, par le vénérable *Sidi Ahmed-el-Kebir*, et peuplée par un contingent de sept mille Mores-Andalous, chassés d'Espagne par Ferdinand-le-Catholique et débarqués à Tipaza.

Ces réfugiés importèrent, de Valence à Blida, la culture des oliviers et des citrons qui devait faire, plus tard, la fortune du pays. Antérieurement à l'immigration des Mores-Andalous, l'emplacement de Blida était occupé par la tribu des *Oulad-Solthan*, qui fusionnèrent bientôt avec leurs infortunés coreligionnaires d'Espagne. Les Mores-Andalous, très experts dans l'art de bâtir, ne tardèrent pas à couvrir le terrain qui leur était concédé de confortables maisons en pisé qui

[1] Les tremblements de terre les plus violents ont été à Blida ceux des ans 1716, 1760, 1825, 1867.

se groupèrent autour de quatre mosquées, d'un four banal et il que cinq édifices qui constituèrent le noyau de la ville naissante. La muraille ceignant la nouvelle cité, sur un périmètre de 600 mètres, était formée par des maisons ouvrant en dedans; six portes donnaient accès dans l'enceinte : au nord, *Bab es-Sebt* (porte du marché du samedi); au nord-est, *Bab ez-Zaouïa* (porte du séminaire); à l'est, *Bab ed-Dzaïr* (porte d'Alger); au sud-est, *Bab el-Konicha* (poterne de secours); au sud, *Bab er-Rahba* (porte du marché aux grains); à l'ouest, *Bab el-Kebour* (porte des tombeaux). Telle était Blida au début de la conquête, lorsque nous l'occupâmes définitivement en 1838-1839.

Les phases traversées depuis cette époque et son développement

Lors de la prise de possession de Blida, la cité turque était dans le plus déplorable état de malpropreté et les ruines des maisons renversées par le tremblement de terre de 1884 n'étaient pas encore relevées.

L'autorité militaire s'empressa de déblayer la place et de construire une citadelle, un baraquement, des écuries et un hôpital. Puis, on divisa la ville en deux parties : le quartier indigène et le quartier européen. En 1839, l'hôtel de ville fut établi dans la maison de l'*Agha Ibrahim*. Le 9 novembre 1840, la mosquée de *Sidi Ahmed el Kebir* fut réservée au culte catholique, une autre fut convertie en caserne.

Les deux mosquées actuelles, *Djâma el Teurk* et *Djâma Ben Sadoun*, étaient laissées au culte musulman. La ceinture de murailles qui entoure Blida emprisonne tous les monuments publics; dans les principales artères, les maisons mauresques dites *Saïqetnes* ont cédé la place à des constructions européennes, mais presque partout les anciens noms arabes ont été conservés aux rues. Ajoutons que, depuis l'occupation, on a créé de populeux faubourgs menant aux villages de Jouville, de Montpensier, ou autres points et formant la banlieue de Blida. De plus, d'innombrables villas parsèment la forêt d'oliviers, se développant autour de la ville, comme une merveilleuse oasis embaumée qui n'a point de rivale en Algérie. D'ailleurs, cette situation exceptionnellement heureuse a, bien avant nous, frappé les Algériens, puisque le poète *Sidi Ahmed ben-Joucef*, qui vivait à la fin du XVIe siècle, composa pour Blida le distique suivant :

> On t'a nommée la petite ville *El-Blida*,
> Moi, je t'ai appelée petite rose *Ourida*.

Armoiries de Blida.

L'écusson municipal de la ville de Blida porte :

Tiercé en pal : au premier, *d'azur, à la guirlande de feuilles garnie de roses, au naturel*; au deuxième, *d'argent, à l'oranger de Sinople, fruité d'or, sur une terrasse du même*; au troisième, *de gueules semé d'abeilles d'or*.

L'écu timbré d'une couronne murale.

Les Races et Confessions auxquelles elle appartient.

Nous avons dit que les premiers occupants de Blida furent les *Oulad-Soltan*, tribu arabe d'origine noble et laïque, comme l'indique le qualificatif *Oulad* (fils de), les tribus roturières prenant le dénomination de *Beni*, qui signifie également « fils de ». A cette population autochtone est donc venu se joindre, au commencement du XVIe siècle, l'important contingent des Mores andalous d'Espagne, puis les Turcs de la milice, et les *Raïs* (capitaines corsaires), ayant fait de Blida leur résidence de plaisance, on vit ceux-ci contracter de nombreuses unions avec les mauresques de la localité, mariages dont sont issus les *Koulouglis*. Quant aux *Mzabites*, ces schismatiques de l'Islam, qui monopolisaient certaines professions à Blida, ils n'y formèrent pas souche, leurs croyances leur prescrivant de laisser femmes et enfants dans leur patrie. En conséquence, deux rites musulmans sont pratiqués à Blida, le rite arabe *(Maleki)*, le rite turc *(Hanafi)*, avec le rite des Mzabites, qu'on nomme les cinquièmes. Pour être complet, il ne faut pas omettre que des nègres musulmans esclaves ou affranchis ont mêlé leur sang à celui des aborigènes de Blida et que quelques familles Kabiles des *Beni-Salah* descendirent l'Atlas pour se fixer en ville.

En 1878, on a recensé à Blida, 8000 chrétiens, français et étrangers, 9000 musulmans et 800 israélites.

Les Légendes dont elle a pu s'enrichir.

M. le colonel Trumelet, auteur d'une remarquable monographie sur Blida, cite plusieurs légendes se rapportant au célèbre Marabout *Sidi Ahmed el-Kebir*. C'est d'abord la « façon miraculeuse dont ce pieux personnage entraîna à sa suite les eaux de l'*Aïn-Jesmah*, qu'il amena jusqu'à la gorge de l'*Oued er-Roumman*, dont le lit était à sec et qui prit alors le nom d'*Oued Sidi el-Kebir* ». La tradition rapporte ensuite que ce Saint illustre, fils de *Sidi bel-Kacem*, était venu du Sud-Est vers l'an 1519 (925 de l'hégire), chargé par son maître en théologie, *Sidi Abd el-Aziz-el-Hadj*, d'exciter la ferveur religieuse chancelante des *Beni bou Nsaïh*, tribu assise au nord-est de Blida actuelle. Or, « les gens de cette fraction ayant accueilli avec dédain les miracles et les exhortations du Marabout, virent bientôt leurs bestiaux périr et la misère s'abattre sur eux. Ils montèrent alors sur les ailes des oiseaux et se dispersèrent ». Mais la plus curieuse légende que redisent encore aujourd'hui aux pèlerins les descendants de *Sidi Ahmed el-Kebir*, qui gèrent sa Zaouïa, est la suivante : « Un Marocain fort riche, s'étant établi à Blida, avait acheté plusieurs jardins aux *Ouled Soltan*. Or, l'insolent crut qu'à prix d'or, le vénérable *Sidi Ahmed el-Kebir*, en réglant le débit des eaux, consentirait à laisser dériver à son profit la totalité des sources de l'*Ansaur* (fontaine fraîche actuelle). Dans cette pensée, le marocain eut donc l'effronterie de proposer au Saint son odieux marché et de faire briller de l'or à ses yeux. *Sidi Ahmed el-Kebir* se leva aussitôt et courant au caroubier — il existe encore — qui s'élève au-dessus de l'*Ansaur*, il en tomba aussitôt une pluie de *Soltanis* (d'or), sur lesquels le marocain se précipita. L'indignation se lisait sur le visage du Marabout et, au moment où l'impudent marocain portait la main sur l'or, la terre s'entr'ouvrait, sans que *Sidi Ahmed el-Kebir* fit rien pour soustraire l'homme cupide au terrible châtiment que Dieu lui préparait. Afin de servir d'exemple, la tête seule du marocain émergea de terre et fut changée en pierre. » On le montre près d'une tranchée du *Kheloua* (anfractuosité de rocher où le Saint avait établi son oratoire). Terminons par la légende de *Sidi Jakoub ech-Cherif*, dont la koubba s'élève au milieu des *Zebboudj* (oliviers sauvages) du jardin public que les touristes persistent à appeler le *Bois sacré*. « *Sidi Jakoub ech-Cherif*, personnage très pieux, avait quitté le Maroc, au commencement du XVIe siècle, pour se rendre dans les Villes saintes. Parvenu, avec une suite nombreuse, sur la rive droite de l'*Oued Sidi el-Kebir*, il s'campa sur un emplacement, alors inculte et sans arbres, où s'élevaient poussé plus tard les Zebboudj. Il laissa sur le terrain les piquets de ses tentes et promit à Dieu de camper au retour en cet endroit s'il lui faisait la grâce de revenir de la Mecque sain et sauf. *Sidi Jacoub ech-Cherif* revint, en effet, avec sa suite, après avoir visité la Mecque; mais quelle ne fut pas la surprise de ses serviteurs, en approchant de l'*Oued Sidi el-Kebir*, de trouver une forêt d'oliviers là où s'étendait jadis une plaine désolée! *Sidi Jacoub ech-Cherif* ne s'y trompa pas. Dieu avait voulu se manifester à lui par ce signe évident, car il constata que les piquets de tente, abandonnés sur le terrain, avaient donné naissance, durant son absence, à des oliviers gigantesques, disposés dans l'ordre où ses tentes avaient été placées. Mais, dans la nuit qui suivit, la tente de *Sidi Jacoub ech-Cherif* devint tout à coup lumineuse et, dans un rayon étincelant, qui marquait une voûte de cette tente à la rivière, on vit le saint homme s'avancer vers une sorte d'étoile éblouissante. C'était *Sidi Ahmed el-Kebir* qui venait à la rencontre de *Sidi Jacoub ech-Cherif*. Ils s'entretinrent quelques instants, puis un hibou passa au-dessus de leurs têtes, en poussant un cri aigu, et les lueurs s'éteignirent. Le lendemain, on vit *Sidi Jacoub ech-Cherif* se mettre en prière. Il expira ensuite et ses serviteurs l'ensevelirent à l'endroit même où se dressait sa tente. On résolut d'envoyer chercher, à Figuig, des maçons qui ont la spécialité de construire des mausolées. Mais Dieu chargea des génies de cette pieuse mission; et dans la nuit qui suivit la mort du saint homme, une élégante Koubba — celle que nous voyons aujourd'hui — recouvrit les restes vénérés de *Sidi Jacoub ech-Cherif*. » Avant de mourir, *Sidi Ahmed el-Kebir* a recommandé à ses serviteurs religieux de visiter la *Koubba de Sidi-Jacoub* avant d'aller en pèlerinage à son propre tombeau, de la *Zaouïa Sidi el-Kebir*.

Description des Monuments antiques et modernes qu'elle possède.

Blida (altitude : 210m,90 — 0°30' de longitude Est — 36°20' de latitude Nord), à 51 kilomètres Sud-Est d'Alger, par chemin de fer, et à 35 kilomètres Sud de la mer. Blida, dont les orangeries ont une renommée universelle, est certainement une des localités les plus séduisantes de l'Algérie. Bâtie près de la rive droite de l'*Oued Sidi el-Kebir*, affluent de la *Chiffa*, et sur un plan incliné légèrement vers le Nord, Blida repose coquettement dans un délicieux bocage, admirablement irrigué; les charmes de cette oasis aux fruits d'or et aux roses sans pareils, défient tous les superlatifs, c'est, du moins, l'opinion des Arabes qui l'ont tour à tour appelée « la perle de la Mitidja » et « une succursale du paradis. » On trouve, dans les environs, quelques ruines romaines, notamment sur le *Sahel* (collines du bord de la mer) et autour du *lac Halloula*. De Blida on aperçoit, au Nord-Est, le colossal *mausolée de Juba II* ou *Tombeau de la Chrétienne*, mais sur le territoire de la ville, on n'a jamais découvert, comme nous l'avons déjà exprimé plus haut, aucun vestige de l'époque romaine.

Nous en désignerons conséquemment, ci-après, les monuments et constructions modernes.

En quittant la *Gare*, pour se diriger vers la porte dite *Bab es-Sebt*, récemment réédifiée, on suit une longue avenue décorée de beaux arbres, où l'on remarque, à gauche, l'*Entrepôt des tabacs*. On pénètre alors en ville par le boulevard *Trumelet*, planté d'orangers. Ici, le voyageur, après s'être arrêté devant le confortable *Hôtel Géronde*, longe les *Casernes des Tirailleurs*, soudées à l'*Établissement du Tir et de Gymnastique*. A l'extrémité de ce boulevard, on accède à la magnifique *Place d'Armes*, environnée d'une double ceinture de platanes, et au milieu de laquelle se dresse un superbe palmier (l'arbre de la liberté), émergeant au centre d'une fontaine originale. C'est sur cette place, pavée en bois, que se donne annuellement, à la fête de Pentecôte, un bal traditionnel féerique auquel on vient assister de fort loin. Les maisons à arcades de la Place d'Armes sont occupées, au rez-de-chaussée, par de luxueux cafés (*Café Glacier*, *Café d'Orient*, *Café de la Poste*, *Café Laval*, etc.). A gauche, au coin de la rue d'Alger, l'*Hôtel d'Orient*, très fréquenté; près de là l'*Administration des Postes et Télégraphes*. Sur le côté nord de la même place s'élève une construction massive, jadis affectée au *Conseil de guerre*, derrière laquelle se développent les importants quartiers de cavalerie du 1er régiment de chasseurs d'Afrique. A quelques pas de là, rue Bizot, on admire la magnifique façade du *Collège communal*, qui peut contenir 300 élèves et, dans le voisinage, on peut traverser la place *Saint-Charles*, complantée de palmiers, et au fond de laquelle s'élève l'*Église Saint-Charles* en forme de croix latine et dans un style roman qui ne manque pas d'élégance. Sur le côté ouest de la dite place, l'*Arsenal* et les *Bâtiments de la manutention*; à l'est, la vieille rue arabe du Kaïd Dirà, où se trouve un bain maure bien fait, construit par ce personnage. En revenant sur ses pas jusqu'à la Place d'Armes, on remarque à gauche, au coin de la rue *Bab er-Rahba*, l'importante imprimerie de M. Mauguin; en face l'*Hôtel de ville*, et à l'extrémité de cette artère, à droite de la porte dite *Bab er-Rahba*, le nouveau *Temple protestant*, construit par l'architecte de la ville, M. de Serres; à côté, un *édicule* distributeur des eaux d'alimentation de Blida. En face du Temple protestant, visitons le *Grand Lavoir* derrière lequel s'élève une blanche Koubba, le *Mesdjed du Kaïd-Ahmed ben-Kaddour*, l'unique oratoire musulman que la commune ait respecté.

De ce point, pour continuer notre promenade dans Blida, nous atteindrons vite le marché arabe très pittoresque, le vendredi surtout, avec sa clientèle indigène. En continuant à marcher droit devant soi, admirons, à gauche, la façade magistrale de l'*Hôpital militaire mixte*, dont les jardins sont de toute beauté. Un peu plus loin, en laissant à gauche la *Rue d'Alger*, la plus animée de la ville, avec ses nombreux cafés mores et ses boutiques, et la *Rue des Koulouglis*, qui a conservé sa physionomie orientale du temps des Turcs, on longe les vastes constructions de la *Remonte*, intéressantes à visiter. Il nous reste à présent peu d'établissements publics à citer dans l'enceinte de Blida. Nous nommerons pourtant, rue *Zaouïa*, le *Palais de Justice*, de médiocre aspect, le *Marché européen*, environné de cafés et restaurants, et où se débitent, chaque matin, les légumes et les fruits les plus savoureux, les bouquets les plus délicieux qu'on puisse imaginer et une marée abondante apportée, de nuit, par les pêcheurs italiens de Fouka et de Tipaza. Il faut citer encore une première mosquée, le *Djama et Tourk*, en face du grand *Café More* (les arcades et colonnettes de ce café sont un curieux spécimen de l'architecture moresque). La seconde mosquée, *Djama Ben Sadoun*, rue des Koulouglis, est entourée d'un pâté de vieilles masures mauresques, mais son minaret, d'une blancheur aveuglante, monte gracieusement et dessine ses contours ravissants sur le velours azuré du ciel. Le *Djama et Tourk*, renversé par le tremblement de terre de 1825, fut restauré par le dernier Dey d'Alger, Hussein-Pacha, comme l'indique une inscription arabe encastrée au-dessus de la porte d'entrée de l'édifice. La Blida indigène possède encore, rue du Dey, un local vénéré par dessus tout, c'est la *Koubba* dédiée à *Sidi Abd-Allah*, dans laquelle les plaideurs musulmans vont prêter serment, ces sortes de serments étant admis en justice. Quant aux *Marabouts*, tous situés extra muros et très curieux à visiter, voici leurs noms et leurs emplacements :

Koubba de Sidi-Yacoub (ou Jardin public du Bois sacré), pèlerinage les samedis.

Koubba de Sidi el-Abed (auprès des moulins, en face l'ancien cimetière des Mozabites), à côté se dresse un *Zebboudj*, qui ombrage sa tombe et celle de *Sidi el-Bostandji* (le jardinier), pèlerinage les mercredis.

Koubba de Sidi Ali-Ammour (au bout de l'avenue des Moulins), les mercredis.

Zaouïa et cimetière de Sidi Ahmed el-Kebir (gorges de l'Oued Sidi el Kebir), pèlerinages les samedis et dimanches.

Koubba de Sidi Mohammed Moula-et-Trik (route de Dalmatie, près du cimetière européen), pèlerinages jeudis et vendredis.

Koubba de Sidi Abd-el-Kader el-Djilani (route de Montpensier à Joinville, près du lieu dit *Bled-el-Djedida*), pèlerinage jeudis et vendredis.

Koubba de Sidi M'Hamed ben Aouda (route de la Chiffa). C'est là que les lions consacrés à ce marabout sont remisés lorsque leurs serviteurs religieux les amènent de Zamora à Blida, pour les exposer à la vénération des croyants; pèlerinage du mardi.

Zaouïa de Sidi Medjebeur (route de la Zaouïa), pèlerinage les samedis.

On procède à des inhumations autour de la plupart des Koubbas.

Quant aux cimetières des différents cultes, ils sont tous situés route de Dalmatie. Le cimetière européen renferme des tombes luxueuses, notamment celle du général de la Tour d'Auvergne-Lauraguais (ex-colonel du 1er régiment de tirailleurs), de la famille de M. Mauguin, sénateur et maire de Blida.

Avant de parvenir au champ de repos, en sortant de Blida par la porte d'Alger, il faut donner un coup d'œil au parc de M. Gobin, banquier, au milieu duquel on voit un ancien Bordj (maison de campagne turque), bâti jadis par l'Agha Yahia, qui y subit, en mai 1828, le supplice du cordon par ordre du Dey d'Alger Hussein-Pacha. Un pin d'Alep gigantesque, aux branches duquel on pendait, dit-on, durant la période turque, orne l'entrée de ce parc.

Musées, Statues, Parcs, Promenades et Lieux de récréation.

Ni musées, ni statues; mais, à la mairie, une belle bibliothèque (ouvrages scientifiques, littéraires et de voyages), léguée par M. Au, capitaine, officier distingué de l'armée d'Afrique.

Hors des murs de Blida, dominé par le fort de *Mimiche*, au square ravissant, entre la porte Bizot et le baraquement des tirailleurs. On rencontre au *Square Bizot* des promeneurs nombreux et assidus qui viennent y respirer les délicieuses émanations qu'exhalent les daturas, les araucarias, les jacarandas, cent arbres rares réunis en cet endroit, et jouir de la fraîcheur d'un vaste bassin d'où jaillit, vers le ciel bleu, une gerbe d'eau cristalline.

En suivant l'*Avenue Bizot*, qui mène de ce parc au *Champ de manœuvres*, on rencontre, à droite et à gauche, une succession de villas délicieuses dont l'ensemble donne assez exactement la physionomie d'Asnières. A mi-chemin, en face de l'abattoir, voilà le *Jardin public* (les *Zebboudjs*, le *Bois sacré*), créé en 1866. Au milieu d'oliviers séculaires et gigantesques que les voyageurs comparent à ceux de Gethsémané et de Jérusalem et dont les troncs portent en maints endroits de profondes cicatrices provenant des balles, des boulets et remontant à la période héroïque des combats sanglants livrés sous les murs de Blida. Ce jardin est très fréquenté par les familles musulmanes qui y vont en pèlerinage, le samedi, pour se prosterner devant le tombeau de *Sidi Yacoub*. Derrière la Koubba, un peu à droite, on remarque un édicule genre mauresque qui fut bâti lors du voyage de Napoléon III à Blida, pour servir de *Kiosque à rafraîchissements*; aujourd'hui on y relègue des outils de jardinage.

Les lieux de récréation sont rares à Blida. La proximité d'Alger ne permet pas aux troupes théâtrales de s'y établir à poste fixe, mais assez souvent des artistes en tournée viennent donner des représentations au théâtre des Beaux-Arts de l'avenue de la Gare.

Les indigènes fréquentent assidûment le *Café chantant arabe* de la rue du Bey, où de séduisantes mauresques, en s'accompagnant sur le *Derbouka*, captivent leur auditoire par un répertoire varié de chansons. Les Européens se mêlent volontiers aux indigènes, dans ce temple du plaisir, où l'on sert tous les rafraîchissements possibles et même du champagne.

Le *Cercle des joueurs de boules* est établi, en face du *Tapis-Vert* dans le restaurant champêtre du *Petit Robinson* (porte d'Alger). Plus loin, en suivant les boulevards extérieurs, on accède, en face la *Porte de la Zaouïa*, au bal-concert, le *Bel-Ombrage*, assez fréquenté. Un peu plus haut se trouve le *Petit-Drapeau*, restaurant champêtre.

Les promenades les plus intéressantes des environs de Blida sont : *l'ascension du mont des Beni-Salah*, au Sud de Blida ; sur le point culminant de cette montagne (piton de Sidi-Abd-el-Kader) 1629 mètres d'altitude, on embrasse de l'œil un immense panorama. Avant d'atteindre ce piton, on remarque, à gauche, des redoutes abandonnées, la cascade pittoresque d'une source appelée *Tala-Izid*, par les Kabyles. En quittant le piton, on doit revenir à Blida en traversant la *Forêt des Cèdres* et en visitant les *Glacières Laval* où, en été, on trouve un restaurateur.

La promenade des gorges de l'*Oued Sidi-el-Kebir*.

L'excursion du *Ruisseau-des-Singes* (station de Sidi-Madani), ligne de Blida-Médéa.

L'exploration archéologique du tombeau de *Juba II*, dit *Tombeau de la Chrétienne*.

Exploration archéologique du Tombeau de Juba II dit Tombeau de la Chrétienne.

Dans différents mémoires favorablement accueillis par l'Académie des Inscriptions et Belles-Lettres, M. Albert Caise, membre de la Société des Gens de Lettres, a fait l'historique de cet intéressant monument mauritanien, le plus remarqué du Nord de l'Afrique, et démontré que des fouilles méthodiques sous le sol connu de l'hypogée amèneraient probablement la découverte du *Caveau royal* renfermant les sarcophages de Juba II et de son épouse Cléopâtre Sélène, fille de la célèbre Cléopâtre d'Egypte et d'Antoine. (Voir la brochure publiée chez M. Mauguin : *Exploration archéologique du tombeau de Juba II.* — Guide du touriste avec vues et plan du mausolée par *Albert Caise.* — Blida 1893.)

Ce monument grandiose est situé au bord de la mer, près de Tipaza, à 56 kilomètres Ouest d'Alger et à 37 kilomètres N.-O. de Blida. On s'y rend aujourd'hui, très facilement de Blida, en prenant le chemin de fer pour Marengo ; là, quelques kilomètres restent à franchir, en voiture, jusqu'à Montebello, village situé au pied de la colline, sur le faîte de laquelle fut bâti le Mausolée, vers l'an 25 de Jésus-Christ, sous le règne de Tibère.

L'édifice présente une hauteur de 33 mètres sur une base de 64 mètres de hauteur de côté, et il apparaît sous la forme d'un immense cylindre à facettes, coiffé d'un cône à gradins.

Les matériaux de la construction sont de grand appareil et assemblés comme ceux des *tumuli* égyptiens. L'architecture du monument est celle de l'ordre ionique, grec ancien. Quatre fausses portes et soixante colonnes engagées décorent la partie inférieure. L'entrée de l'hypogée est située, sous la fausse porte de l'Est, comme dans tous les monuments similaires d'Egypte. L'hypogée présente une série de cases ou chapelles reliés par un couloir circulaire d'un développement de 140 mètres. Lorsque MM. Berbrugger et O.-Mac Carthy pénétrèrent, pour la première fois dans cette hypogée, le 15 mai 1866, ils n'y trouvèrent que des débris de la période romaine. L'absence de tout vestige arabe leur a fait dire judicieusement que le monument dut se refermer, lors de la venue des Vandales en Afrique vers le VIe siècle. Le géographe latin Pomponius Méla, qui écrivait l'an 40 de Jésus-Christ, signale le mausolée de la famille royale : *Monumentum commune regiæ gentis*, entre *Iol* (Cherchel) et *Icosium* (Alger). C'est donc bien là le mausolée des monarques de Mauritanie que les Arabes appellent *Kbar er-Roumia*, par suite l'usage lui a fait conserver improprement le nom de *Tombeau de la Chrétienne*, bien qu'il n'ait jamais renfermé la dépouille d'aucune princesse chrétienne.

Les Gorges de la Chiffa.

Il n'est, à notre avis, qu'un moyen de bien détailler les caprices ingénieux que la nature s'est complue à semer à profusion dans cette déchirure aux aspérités aiguës et aux flancs sinueux qui a nom *Les Gorges de la Chiffa*, c'est de négliger en vrais touristes les facilités que le progrès engendre chaque jour, par la création de nouveaux moyens de transport et la construction de nouvelles lignes ferrées, où le pittoresque est souvent sacrifié à l'intérêt local, et prendre simplement au lieu du train de l'Ouest Algérien de Blida à Berrouaghia, la route nationale de la Chiffa à Médéah. Ce que ce trajet perd en vitesse, il le compense dans une très large mesure dans l'attrait tout particulier qui est la recherche du touriste et qu'offrent à chaque pas les mille fantaisies d'un paysage déchiqueté, comme à plaisir, dans un bloc terrestre.

Nous partons donc de la Chiffa, engouffrés dans un vulgaire *patachon* dont l'allure lente nous permet de contempler le panorama séduisant qui s'ouvre devant nous et qui nous promet de multiples tableaux aussi variés qu'intéressants.

C'est d'abord une étendue de plantureuses cultures, que ne masque qu'à demi la double allée de platanes au feuillage nourri et qui borde la route nationale ; puis nous arrivons à la briquetterie de M. Hetzel, où un arrêt de courte durée met en relief l'ingéniosité et l'esprit pratique de son propriétaire, qui, au fur et à mesure qu'il avance dans les tranchées creusées dans l'argile qui lui fournit la matière avec laquelle il façonne ses briques si justement réputées, a trouvé le moyen de transformer le sol où s'arrête la pioche extractive de la marne en de magnifiques pièces de culture, abondamment irriguées et qui produisent des récoltes resplendissantes de beauté et d'un rapport à nul autre pareil.

Nous reconnaissons là le génie exercé et merveilleux dans la simplicité d'un fils de notre chère Alsace encore en deuil.

Plus loin, sur la droite, muettes dans leur torpeur, gisent les ruines d'un moulin, qui eut ses heures de prospérité. Une eau abondante coule en frais murmures tout le long d'un canal qui la distribue, par un système de vannes, dans chacune des propriétés riveraines.

Ensuite vient le *Rocher blanc* qui, semblable à un factionnaire, garde avec la rigidité propre à sa nature l'entrée du barrage de la Chiffa, et nous continuons à avancer dans une passe de plus en plus resserrée entre une paroi de rochers à pic, d'un côté, et l'Oued Chiffa, qui, dans le fond, gronde dans un précipice duquel nous ne sommes séparés que par un léger parapet de cinquante centimètres de hauteur seulement. Mais la route redevient plus sûre, et nous atteignons *Sidi Madani* sans encombre. Vingt minutes plus tard, nous apercevons la silhouette du coquet restaurant qui est en façade sur la route à l'endroit désigné « le Ruisseau des Singes ».

C'est dans un superbe berceau où la vigne, plantée en treille, étend ses longs et vigoureux pampres, que nous faisons notre première halte, sous un massif de plantes grimpantes qu'une main habile et expérimentée a gracieusement disposées en ogive; nous goûtons un doux repos que la solitude de l'endroit, jointe à une harmonieuse note d'un poétique idéal, augmente encore. Peu à peu, nous nous laissons aller à ce ravissement d'êtres saisis par une délicieuse extase empruntée au charme envahisseur qui étreint l'esprit avec l'âme, et nous nous demandons quel sera le pinceau assez autorisé et d'une puissance de coloris suffisante pour rendre avec fidélité ce tableau d'un effet attractif aussi merveilleux.

Rien n'a été négligé pour donner à ce coin naguère sauvage l'aspect d'un véritable Éden. Partout, nous rencontrons l'ouvrage d'une intelligence d'élite qui, avec un goût qui tient de l'amour de la poésie, a su tirer parti avec art des simples ressources que la nature seule mettait à sa disposition. Nous froisserons peut-être la modestie de Mme Pelieng, de Blida, propriétaire du charmant séjour du « Ruisseau des Singes », en disant que c'est à elle, à son esprit d'initiative et à son heureuse conception, que les centaines de touristes s'y rendant chaque année, doivent les heures délicieuses qu'ils viennent passer à l'ombre de ses riants bosquets.

Le bâtiment, qui sert à la fois d'hôtel et de restaurant, est de construction modeste, d'une blancheur éclatante, et nous l'avons vu égayé par des fenêtres tout enguirlandées de plantes variées, retombant en frais panaches sur les vitres qu'elles voilaient à demi. L'intérieur en est simple, mais d'un confortable qui ne laisse rien à désirer. Les chambres toutes proprettes et modestement meublées, mais avec cette recherche pleine de gaieté que l'on a décrite de l'intérieur de la Lisette de Béranger.

La table est très soigneusement servie de mets dont le fumet chatouille très agréablement les narines avant de délecter le palais; le vin est généreux et répand un bouquet qui force à la récidive. Les hôtes sont courtois et très avenants, bref, la chère est au diapason du site lui-même, *First class*, comme disaient les Anglais. C'est la meilleure recommandation que nous puissions faire de cet établissement, où tous les touristes viendront s'arrêter pour voir les singes.

Les singes, nous voici en plein dans la question, car c'est surtout dans l'espoir de voir ces gracieux quadrumanes à l'état de liberté que nos aimables lecteurs et lectrices visiteront ces parages. Mais nous vous y conduirons sans plus tarder, pas loin, sous les futaies épaisses qui s'étagent du lieu où nous sommes sur le versant de la montagne.

Remontons ensemble l'étroit sentier qui longe le ruisseau, enfonçons-nous, à quelques vingt mètres plus haut, sous ce taillis ombreux où, à l'abri des atteintes du soleil, nous pourrons, en spectateurs recueillis, assister aux ébats pleins de charmes de ceux que l'honorable M. Cuvier a classés parmi la race de nos ascendants. L'heure de la sieste est terminée et avant longtemps, nous pourrons nous attendre à la visite des hôtes que nous sommes venus voir sans invitation de leur part.

Une demi-heure à peine s'écoule que déjà les branchages s'agitent avec un froissement léger de feuilles qui parvient à nos oreilles, puis nous commençons à distinguer un, deux, puis dix, et enfin une vingtaine de singes, tous très agiles, adroits, et qui paraissent disposer de tous les vices propres à d'habiles filous. Nous ne bougeons pas, craignant qu'un souffle, un simple bruit ne les mettent en déroute. Ils passent sur nos têtes, en bondissant de branche en branche, d'arbre en arbre, leur objectif paraît être un figuier chargé de fruits et planté sur le rebord du jardin de l'hôtel. C'est, semble-t-il, une véritable expédition qui se prépare. Le chef de la bande, qui est en général le chef de famille, le plus fort et à la fois le plus rusé, dirige les opérations avec une tactique toute militaire; il marche en tête et éclaire le terrain, poussant de-ci de-là quelques reconnaissances, et après s'être assuré qu'il n'y aura pas contact avec l'ennemi, il rallie sa bande par une succession de petits cris qui doivent être des ordres, car nous voyons de suite la bande entière s'abattre sur le figuier en question et se livrer à un véritable saccage.

Quel dommage pour eux qu'ils ne soient pas habillés en Zouaves, car assurément au lieu de se contenter de bourrer leurs bajoues, ils rempliraient bien mieux le vaste sac qui leur servirait de culotte. Après s'être bourrés et après avoir donné à leurs joues la forme d'une fluxion, la bande regagne les taillis profonds dans une débandade où les traînards se comptent parmi ceux qui se sont le plus gavés de figues.

Ce qui vient de se passer en quelques minutes seulement nous laisse l'effet d'une vision, tant la scène qui vient de se dérouler tient du surnaturel, pour nous qui voyions pour la première fois des singes à l'état sauvage.

A l'hôtel, nous apprenons qu'il est une façon originale de cueillir ces audacieux filous. Au pied d'un arbre, on enterre une ou plusieurs gargoulettes dont le col étroit sort seul de terre; dans le fond sont jetées quelques figues ou amandes sèches. Les singes, aux aguets, ne tardent pas à se précipiter sur ce magasin d'un nouveau genre et plongent une main avide dans l'étroit goulot des gargoulettes, emplissant leur petite menotte des fruits qui reposent dans le fond, tandis que, soigneusement masqués derrière un massif, les gens de l'hôtel saisissent cet instant pour se jeter sur les hardis voleurs qui, ne voulant pas lâcher le fruit de leur larcin, ne peuvent plus sortir du goulot trop étroit leur main copieusement garnie de figues.

Ils se laissent ainsi sottement captiver en poussant de petits cris inimitables d'écoliers pris en défaut.

C'est ainsi que nous avons pu remporter un souvenir vivant de cette très intéressante exploration.

Milianah

Quel délicieux petit pays que ce coin de la France, qui est comme incrusté dans les flancs du fier *Zaccar*, à la teinte bistrée, et qui élève majestueusement son chef à plus de dix-huit cent mètres d'altitude, mais n'anticipons pas, et indiquons tout d'abord le moyen le plus simple et à la fois le plus pratique pour s'y rendre. Oh! il est en effet fort simple, le moyen. A Alger, et en supposant que ce soit là votre point de départ, vous prenez un *ticket* à la gare, à destination d'Adélia et partez par le premier train du matin à 6 heures 45 minutes. Quatre heures plus tard, vous arrivez à Adélia, où des diligences attendent l'arrivée du train pour conduire les voyageurs à Milianah. Une fort belle route serpente en de larges circuits qui vont en s'élevant dans une montée continue, assez raide parfois, et qui, par moments, couronnent une arête qui découvre un horizon dont l'infini se perd dans la ligne bleuâtre de la chaîne de l'Atlas. Bientôt on arrive à la halte *du Drapeau*, où l'équipage, suant et soufflant, vient se ranger à l'ombre d'un modeste débit pour essuyer ses sueurs et reprendre haleine, tandis que chaque voyageur s'installe sous le couvert d'une vigoureuse treille et absorbe, avec la conscience de l'avoir bien gagné, un apéritif servi avec une eau perlée par la fraîcheur. Ce repos ne dure que quelques minutes, et la diligence se remet en route, actionnée par une pluie de coups de fouet qui retombent drus et serrés sur les flancs encore essoufflés de nos malheureux chevaux.

A un détour de la route, les hautes murailles de l'enceinte fortifiée, qui forment ceinture à la ville de Milianah, apparaissent comme un lourd cercle qui l'enserre et au-dessus duquel s'échappent en bouquets verdoyants et au-dessus des toits rouges qui pointillent la ville de taches vives, les hautes ramures des allées de platanes qui s'élancent vers le ciel sous une violente poussée de végétation.

Et déjà les vergers, où l'on reconnaît dans un mélange gracieux toutes les variétés d'arbres fruitiers des différentes zones de la France, tels que noyers, pommiers, poiriers, pruniers, abricotiers, pêchers, figuiers, etc., etc., s'étendent de chaque côté de la route en belles allées, longues et serrées.

Le bruit des cascades descendant en bouillons écumants du haut de la montagne et qui précipitent leurs eaux tumultueuses sous d'étroits ponceaux percés sous la chaussée, donnent l'impression indéfinissable de ces torrents qui roulent leurs filets d'argent sur les pentes raides du Jura ou des Alpes suisses.

Une fraîcheur pénétrante s'en dégage, faisant courir sous l'épiderme de longs frissons qui amènent sur nos visages cette pâleur caractéristique de la transition brusque du chaud au froid; nos épaules, qui se ressentent de cette sensibilité, semblent rechercher dans de longs mouvements de frottement, le contact des vêtements chauds qui les recouvrent. Mais la diligence poursuit sa course et franchit les portes de la ville, avant que nous soyions complètement remis de la sensation étrange que nous venons d'éprouver dans ce dernier parcours.

Description de Milianah.

Milianah est le siège d'une sous-préfecture; sa population mixte est composée en majeure partie de Français, d'indigènes et de Juifs. Son aspect est des plus riants; de larges artères, bordées de superbes platanes, la sillonnent, tandis que l'eau court à profusion, jour et nuit, le long des caniveaux de la chaussée. La rue Saint-Paul surtout attire les regards par l'épaisseur de l'ombrage qui la recouvre et le coquet jardin de la sous-préfecture émaille de ses couleurs les plus vives la place de ce nom. Non loin, l'Hôtel du Commerce a toujours table ouverte et bien servie pour les nombreux visiteurs qui se rendent en foule, en hiver, en ce lieu si agréable et si pittoresque à la fois. De la *Pointe des blagueurs*, la vue s'étend sur la plaine du Chélif, montrant les charmants villages de Lavarands, Lille, Dupérré et tant d'autres. Affreville est en partie cachée par une colline, mais si 7 kilomètres à franchir ne vous effraient pas, au lieu de redescendre pour prendre le train à Adelia, vous suivrez le petit sentier qui part de la porte de la Meutte et descendrez pédestrement sur Affreville. C'est une promenade des plus ravissantes à faire et qui vous laissera l'impression saisissante d'une descente à bâtons rompus parmi les vignobles et les vergers rutilants qui couvrent le coteau de Milianah.

Une visite au Haras de Mouzaïaville.

(Propriété de M. Frank Smith.)

A sept heures et demie du matin, l'un des meilleurs jockeys de M. Smith vient nous prendre à la gare de Mouzaïaville; une élégante charrette anglaise, attelée d'un superbe anglo-barbe, est là qui nous attend; nous nous mettons en route, et, rapidement traversons la grande place du village, où de braves colons endimanchés font la partie de boules, tandis que sur les portes les femmes s'entretiennent des menus et banales nouvelles locales.

Nous avons sept kilomètres à franchir pour arriver au Haras, mais l'allure allongée de notre fin coursier, et la diversité qu'offre aux regards éblouis le spectacle de cette campagne grandiose dans son prisme éclatant de verdure, dans laquelle se fondent les mille fleurs printanières aux multiples couleurs, nous laisse à peine le temps de reconnaître le paysage, qui se déroule sous notre marche.

Bientôt nous apercevons, coquettement appuyée sur le pied d'un mamelon, la demeure de M. Smith, l'éleveur bien connu de tous les Algériens; en arrivant, nous saluons le pavillon américain qui flotte à un grand mât et semble laisser couler de ses plis, un frou-frou de bienvenue.

M. Smith, avec cette aimable rondeur qui caractérise nos amis les Américains, est là pour nous recevoir. Il n'est pas permis avec un semblable accent de sympathique accueil de s'arrêter longtemps aux phrases sacramentelles des usages mondains; aussi sans plus tarder et précédé de notre charmant cicerone, commençons-nous notre promenade au travers de l'établissement d'élevage privé (l'unique que nous possédions dans notre département), et qui a été fondé par son propriétaire, en vue d'améliorer la race chevaline en Algérie, par le croisement du cheval arabe, avec le cheval de pur-sang anglais, qui lui-même est originaire de l'Orient, ainsi que chacun le sait.

Nous n'entrerons pas, dans le détail de la construction du Haras proprement dit; toutefois, nous ne pouvons passer sous silence, l'impression qu'il nous a produite et qui est toute à l'avantage de l'architecte qui a été chargé de son édification. Admirablement distribué, et de forme rectangulaire, avec une très vaste cour centrale, ce bâtiment est construit avec autant de goût que de confortable, divisé en de nombreux compartiments ou *boxes*, aménagés selon les dernières innovations de l'art; le Haras de Monzaïaville présente un des types les plus parfaits de son genre.

Nous pénétrons, tour à tour, dans chacun des compartiments occupés par trente ou quarante sujets de race anglaise, anglo-arabe et barbe, parmi lesquels se trouvent réunis plusieurs coursiers d'une véritable valeur, et pour n'en citer que quelques-uns au hasard de la plume, nous parlerons de *Vendangeur*, le jeune étalon de l'établissement, qui, en dehors de ses nombreuses victoires en France, a remporté sur nos champs de courses d'Algérie et contre de vaillants lutteurs, huit victoires consécutives; puis, c'est *Faisan*, un remarquable sujet, très jeune encore, et qui promet de beaux succès à son propriétaire; vient ensuite *Esmeralda*, dont la grâce, les yeux noirs de feu et les formes parfaites mettront plus d'un poulain en chevauchée échevelée dans les courses où elle paraîtra; nous en passons et des meilleurs, pour ne parler que de *Frondeur*, qui possède autant de qualités qu'il a mauvaise tête; en effet, grand favori dans nos dernières courses de printemps, deux journées de suite, *Frondeur* a joué le très vilain tour à son jockey d'abord et à son propriétaire ensuite de se dérober au moment où tout le monde fondait les meilleures espérances sur lui; depuis, *Frondeur* est devenu sage et il mène les courses avec un brio qui révèle sa grande valeur.

Notre dernière visite est pour le vieil *Inca*, âgé de 30 ans, qui a laissé, il y a dix ans, un grand renom à Auteuil et à la Croix-de-Berny; aujourd'hui, ce vétéran des champs de courses, jouit d'une paisible retraite; et, s'il ne mange pas au râtelier de l'État, le sien ne laisse absolument rien à désirer; il grisonne un peu sur les tempes, mais c'est toujours avec l'orgueil de ses anciens et nombreux lauriers qu'il caracole les jours où M. Smith veut bien lui ordonner une sortie.

Mentionnons aussi en passant, les vastes enclos, où vivent en liberté les magnifiques poulinières qui servent à la reproduction.

Mais l'activité et le sens génial de M. Smith ne se résument pas dans la seule question de l'élevage et de l'amélioration de la race chevaline; aussi bon colon, qu'il est éleveur distingué, M. Smith mène de front avec son Haras, et avec le plus grand succès et une autorité incontestable, une exploitation de céréales et de vignes qui n'a que peu d'égales.

M. Smith est un esprit pratique avant tout, et il le faut, car il ne serait pas Américain.

La Ferme Caïd-El-Sebt et le Domaine de Sainte-Louise.

(Propriété de M. Germain.)

De toutes les fermes de la Plaine de la Mitidja, il en est deux : celle qui porte le nom de Caïd-El-Sebt et le domaine de Sainte-Louise, qui peuvent sans contredit être citées parmi les plus remarquables, autant sous le rapport de leur importance comme exploitation de premier ordre, qu'au point de vue de l'habileté hors pair avec laquelle ces exploitations sont conduites par MM. Auguste et Michel Germain, sous la haute direction de M. Germain père, le créateur de cette œuvre grandiose.

La ferme Caïd-el-Sebt se trouve à 1800 mètres à peine de la gare de Mouzaïaville et on y a accès par la route départementale qui conduit à Coléah.

En quelques minutes, le break que M. Germain a gracieusement mis à notre disposition a franchi ce court espace, et nous dépose, après avoir traversé une magnifique avenue de tuyas, au pied du perron où nous attendent nos aimables hôtes.

Délicieusement enfermé dans un vaste écrin de verdure, formé par une plantation de majestueux eucalyptus, à la taille élancée et dont l'aspect imposant fait naître en nous cette douce méditation que produit la nature en réveil, la ferme de Caïd-El-Sebt ressemble à l'un de ces tableaux d'Orient, dont le cadre tout fait d'émeraudes semble inspirer les muses.

Partout où le regard se porte, il se repose sur les doux reflets de la poussée printanière qui, sous la chaude action d'un soleil de mai, élance de toutes parts vers le ciel sa sève vigoureuse. C'est, en un mot, l'Angélus matinal du printemps.

La vigne, richesse naturelle du sol algérien, futur grenier d'abondance de la mère patrie, étend dans un périmètre considérable ses jets déjà fournis d'abondants raisins ; plus de 160 hectares de la plante si chère à Noé nous entourent, noyant dans une nappe verdoyante nos regards délicieusement attendris, et avec quels soins, quelle méticuleuse méthode chacun de ses plants est traité ! Pas un cep qui ne soit l'objet de la plus minutieuse attention de la part de son propriétaire.

Sans attendre nos questions, M. Michel Germain nous fait un véritable cours sur la façon de traiter la vigne pour en obtenir les meilleurs résultats. Praticien consommé, il nous fait une magistrale démonstration de la taille de la vigne et de la culture pour chacune de ses variétés ; les plants les mieux connus et surtout les plus appréciés de nos viticulteurs de France, y trouvent leur place et leur étude spéciale également, et après avoir passé plusieurs quarts d'heure à ouïr cette très intéressante narration, nous nous dirigeons vers le magnifique chai qui forme l'un des plus beaux fleurons de l'exploitation. Ce bâtiment, qui extérieurement ne se pare que d'un aspect modeste, renferme dans son sein tout ce qui concerne l'outillage vinicole. Nous descendons par un plan incliné, dans le plain-pied du chai : le fond en est cimenté, en forme légèrement convexe, avec deux rigoles, également en ciment, de chaque côté du chai, permettant au liquide qui peut s'échapper des cuves de se déverser dans un récipient *ad hoc* d'où il peut être aisément recueilli et sans perte aucune. Ce chai modèle mesure 60 mètres de longueur sur 15 de large ; une artère centrale le divise en deux parties égales : de chaque côté de cette artère se dressent dans leur majesté imposante quinze cuves bâties en briques de forme semi ovoïdes, dernier mot de la structure moderne, et contenant chacune 250 hectolitres de vin, ce qui représente pour ce seul chai 7,500 hectolitres. Mais, à côté de cela, il existe deux autres caves de moindre importance, il est vrai, mais qui néanmoins enserrent dans leurs flancs près de 6000 hectolitres, ce qui représente un total de 13 à 14,000 hectolitres, rendement moyen du vignoble de la ferme Caïd-el-Febt.

Les produits de la ferme Germain, supérieurement traités d'ailjours, sont l'objet des préférences de nos principaux acheteurs de France.

L'outillage agricole de la propriété ne le cède en rien au précédent, et, à ce sujet et pour donner une juste appréciation de l'importance réelle de ce domaine, nous ajouterons que l'exploitation comprend un personnel fixe, arabes et européens compris, de plus de 120 bras; des familles entières y sont employées depuis de nombreuses années, vivant de cette vie intime qui fait mieux ressortir encore l'accord parfait qui règne dans cette petite colonie agricole. Deux ouvriers maçons sont attachés d'une façon permanente à l'établissement; tout un atelier de charrons, forgerons et constructeurs de charriots et autres véhicules, y fonctionne d'une façon régulière, l'élément carossable y est construit en totalité, il n'est pas jusqu'à un ouvrier boulanger qui n'y soit attitré et qui confectionne journellement de 100 à 120 kilogrammes de pain, destinés à l'alimentation de cette pléiade d'ouvriers.

Le domaine de Sainte-Louise, que nous avons visité également et qui est placé sous la direction de M. Auguste Germain, offre par sa vaste étendue, ses grandes cultures de céréales, ses immenses prairies, où l'on élève un nombreux bétail, et son vignoble de 200 hectares admirablement cultivés, une exploitation encore plus importante que celle de la ferme Caïd-el-Sebt.

C'est un domaine où l'on peut puiser de hautes leçons des grandes cultures. Tout le personnel, tout l'outillage se trouvent là-bas considérablement augmenté par les nécessités d'une très grande exploitation.

Mais le déjeuner nous attend. Mme Michel Germain, avec une bonne grâce parfaite, nous convie à prendre place à une table aussi somptueusement dressée que plantureusement servie. Menu et vin du cru, le tout est excellent.

Nous restons avec le souvenir d'une journée utilement employée et agréablement passée.

8

Notice sur Orléansville.

Cette ville commande la plaine du Haut-Chéliff.

Ville entièrement française, fondée en 1843 sur d'anciennes ruines romaines, au lieu dit : *(El-Esnam)* était du temps des Romains le siège d'un évêché qui fut occupé par Saint Réparatus, dont une rue de la ville porte encore le nom.

Il existe des parois de l'ancienne basilique enfouies à quatre mètres sous terre dans la partie Sud de la place de la Mosaïque qui tire son nom d'une mosaïque remarquable faisant jadis partie de ces ruines et classée aujourd'hui comme monument historique.

Une autre mosaïque d'une grande beauté a été récemment découverte dans le jardin de l'Hôpital ; un pavillon établi par l'administration des Beaux-Arts en assure la conservation ; les touristes peuvent le visiter aux heures où l'Hôpital est ouvert.

Largement coupée par de belles avenues à angles droits, Orléansville présente l'aspect d'une ville américaine. D'importantes plantations faites dans la ville et aux environs en font une sorte d'oasis au milieu de la plaine dénudée du Chéliff.

La dérivation du Chéliff, qui permet d'utiliser pour l'agriculture 1,500 litres d'eau à la seconde fournis continuellement par le fleuve, même dans les saisons les plus sèches, assure l'arrosage de la ville où l'eau coule sans cesse en abondance.

Une chute d'eau d'une force de 70 chevaux-vapeur, qui existe sur le canal à 6 kilomètres de la ville, est concédée par l'Etat pour servir à l'éclairage électrique.

Orléansville est en outre alimentée en eau potable par la source de la Pépinière, située à un kilomètre environ en contre-bas de la ville et dont les eaux sont élevées par une machine électrique.

Orléansville, centre déjà important au point de vue agricole et commercial, est appelée tant par sa situation géographique au centre de la plaine du Chéliff, à demi-distance d'Alger à Oran, et à 54 kilomètres de la mer et du port de Ténès, qu'en raison de l'importance sans cesse croissante des irrigations dans sa banlieue, à prendre dans l'avenir un large développement ; cette évolution est du reste déjà commencée, ainsi que le constate le recensement de 1891 qui donne une augmentation sensible de la population au cours des cinq dernières années.

Eglise, Mairie, Hôpital militaire, Casernes d'infanterie et de cavalerie, Halle aux grains, Marché couvert, Mosquée en construction, Cercle civil et Cercle militaire.

Eclairage électrique.

Marché assez important le samedi.

Notice sur Perregaux.

Le centre de Perregaux qui porte le nom d'un général de brigade, tué à la prise de Constantine, n'a été créé qu'en 1859, c'est-à-dire longtemps après la conquête.

Cette ville, pour laquelle l'État n'a fait presqu'aucun sacrifice, a progressé lentement, et ce progrès lent a été plusieurs fois enrayé par des catastrophes qui, jetant une grande panique parmi les habitants en ont fait émigrer beaucoup et ont fait hésiter les hommes qui auraient été dans la possibilité d'acquérir des terres dans le pays. Ainsi, le 15 décembre 1881, le barrage-réservoir de l'Oued-Sergoug, dont il est parlé plus loin, s'est rompu et a envahi la plaine. Quoique 204 cadavres seulement aient été trouvés à Perregaux, on peut, sans crainte, porter le chiffre des victimes à 500, car quelques-uns ont été déclarés à Sahouria, à Marta-Douz et à Bou-Henni, et un grand nombre, suivant l'impétuosité du courant, sont allé se perdre dans la Méditerranée.

Deux races habitent Perregaux :

La race blanche confesse le Christianisme, le Judaïsme et l'Islamisme.

La race noire confesse l'Islamisme seulement.

La population se répartit comme suit :

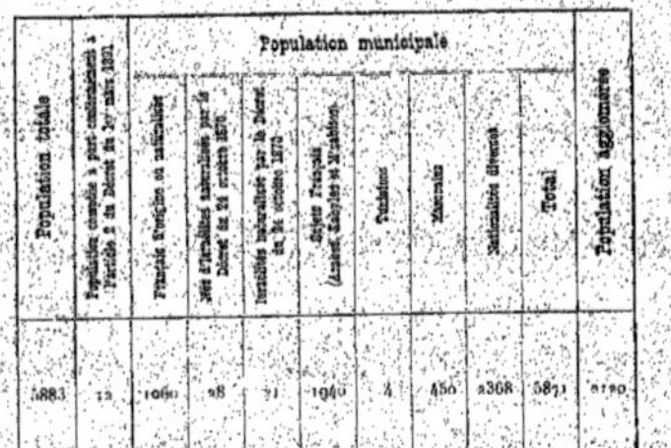

Population totale	Population comptée à part conformément à l'article 2 du Décret du 3 mars 1881	Population municipale								Population agglomérée
		Français d'origine ou naturalisés	Nés d'Israélites naturalisés par le Décret du 24 octobre 1870	Israélites naturalisés par le Décret du 24 octobre 1870	Sujets Français (Arabes, Kabyles et M'zabites)	Tunisiens	Marocains	Nationalités diverses	Total	
5883	12	1060	28	21	1940	4	456	2368	5871	2180

Le seul monument qui mérite d'attirer l'attention du public est le barrage-réservoir de l'Oued-Fergoug, dont il est indispensable de donner ici l'historique et la description sommaire :

Le 27 juillet 1864, l'État mettait en vente 24,000 hectares dans la plaine de l'Habra et de la Macta, situées entre le chemin de fer d'Alger à Oran et la Méditerranée, et ce aux conditions suivantes :

1° Construction du barrage-réservoir de l'Habra destiné à emmagasiner chaque hiver 30 millions de mètres cubes d'eau devant servir à irriguer pendant l'été 36,000 hectares situés dans la plaine de l'Habra, dont 24,000 appartenant à la Compagnie concessionnaire;

2° Assainissement de la plaine de la Macta par l'endiguement des trois rivières, l'Habra, le Sig et le Tinn, qui y formaient un marais très insalubre;

3° Construction de canaux d'irrigation sur les 24,000 hectares vendus.

Peu de temps après, M. Debrousse, devenu adjudicataire de la concession, constituait la Société anonyme de l'Habra et de la Macta, et l'on commençait la construction du barrage. Malgré de grandes difficultés rencontrées pendant la construction, le barrage était terminé au mois d'avril 1873, ainsi que les travaux d'assainissement et d'irrigation de la plaine.

Le barrage-réservoir de l'Habra est entièrement construit en maçonnerie hydraulique. La hauteur du mur, au-dessus de l'étiage de l'Habra, est de 33m,60. Les fondations ont de 8 à 10 mètres de profondeur. Elles sont constituées par un massif de béton et de maçonnerie de 40 mètres d'épaisseur, reposant sur un banc de grès calcaire qui traverse toute la vallée.

Le mur du barrage, proprement dit, a une épaisseur de 25 mètres au niveau de l'étiage et de 4m,30 au sommet. Un parapet de 2m,50 de hauteur et de 1m,50 de largeur règne tout le long de la plateforme et empêche les vagues soulevées par le vent dans le réservoir, de retomber sur la face ovale. La longueur du mur est de 375 mètres. Sur la rive gauche, l'ouvrage se prolonge par un déversoir consistant en un mur plein en maçonnerie, dont la crête est établie à 1m60 au-dessous de la plateforme du barrage, sa longueur est de 125 mètres. Ce déversoir, également fondé sur le rocher, sert à l'écoulement des eaux de crues lorsque le barrage est plein.

Il peut débiter 800 mètres cubes à la seconde, sans que les eaux atteignent le plancher de la passerelle qui fait communiquer le barrage avec la rive. La face ovale du mur du déversoir a un profil en sinusoïde pour faciliter l'écoulement et éviter les dégradations du pied par la chute des eaux.

Le barrage comporte deux genres d'ouvrages régulateurs : les évacuateurs et les prises d'eau.

Les évacuateurs, au nombre de deux, consistent en vannes de deux mètres de hauteur et un mètre de largeur, manœuvrées du haut du mur, au moyen d'un mécanisme à vis et d'une tige pendante. Ces vannes sont en tôle de blindage de dix centimètres d'épaisseur.

L'écoulement continu du volume d'eau, attribué aux irrigations, est assuré au moyen de prises d'eau.

Au barrage de l'Habra, il existe une prise d'eau sur la rive droite, et une autre sur la rive gauche. Cette dernière ne sert plus que d'évacuateur. Les eaux d'irrigation sont débitées par la prise de la rive droite, qui consiste en deux tuyaux en fonte de 0m,80 de diamètre traversant le mur à la cote 4.50, et qui sont terminés par deux énormes robinets-vannes de même diamètre. Rien d'imposant comme la masse de ces énormes appareils qui déversent, dans un puisard disposé au-dessous, pour amortir la violence de la chute d'eau, et avec un bruit formidable, les 3,000 litres par seconde, qui sont répartis entre les 36,000 hectares du périmètre irrigué.

Une première répartition des eaux est faite dans un bassin à la suite des robinets. Une partie de l'eau, soit 300 litres environ, est versée dans un canal qui arrose le territoire de Perrégaux; le reste est reçu par la rivière elle-même, qui fait ainsi fonction de canal d'irrigation, et qui transporte les eaux à quatre kilomètres en aval de Perrégaux, au barrage de dérivation ou débit de Saint-Maur, qui répartit le volume entre les 24,000 hectares de la Compagnie et les autres terrains irrigués.

Grâce au barrage-réservoir qui emmagasine les eaux pendant la saison des pluies pour les distribuer pendant l'été, grâce aux endiguements qui ont définitivement assuré la plaine contre les débordements périodiques, et par conséquent contre l'insalubrité des eaux stagnantes, grâce à ses irrigations et à la qualité de son sol, la plaine de l'Habra possède aujourd'hui tous les éléments nécessaires pour devenir, en peu d'années, un magnifique territoire de colonisation, comparable aux riches huertas de Valence, de Murcie et d'Alicante.

On ne peut voir, sans être vivement impressionné, l'œuvre réalisée au barrage-réservoir de l'Habra, œuvre qui n'a d'égale nulle part, ni comme dimension du barrage, ni comme volume d'eau emmagasiné.

Les Maures ont construit en Espagne des barrages-réservoirs plus élevés ou plus massifs, mais ils suppléaient à la science par la masse de construction.

Le barrage-réservoir de l'Habra est à la fois monumental et hardi, il est le plus grand ouvrage de l'espèce établi jusqu'à ce jour d'après les données rationnelles de la science moderne. Le volume des maçonneries y atteint près de 200,000 mètres cubes.

Le barrage de l'Habra possède un registre sur lequel les visiteurs sont admis à tracer leurs impressions.

Le 25 mai 1876, M. le général Chanzy, gouverneur général de l'Algérie, pendant son voyage à travers les trois départements, y a, à son passage, écrit ces mots :

« Aux impatients et aux détracteurs de l'Algérie, qui prétendent que rien de sérieux n'a été fait jusqu'ici dans ce pays, on doit répondre en les amenant sur la crête du barrage de l'Oued-Fergoug. C'est là un travail gigantesque, que nous envieraient les pays nouveaux les plus prospères et les plus avancés. Les barrages, les chemins de fer, les ports..., voilà les grands moyens de tirer de l'Algérie tout ce qu'elle peut donner. La Compagnie Franco-Algérienne a donné l'exemple, honneur à elle ! Le gouverneur général de l'Algérie est heureux de lui témoigner sa satisfaction et d'exprimer ici tout son espoir pour l'avenir. »

Les services rendus par le barrage doivent faire oublier ses torts.

D'Alger à Oran.

Trajet direct.

Pendant la saison hivernale, un seul train part d'Alger à destination d'Oran, c'est celui de 6 heures 30 minutes du matin. Le service d'été comporte un train supplémentaire de nuit le lundi soir de chaque semaine à 9 heures 28 minutes. Mais comme nous écrivons pour les hivernants spécialement, nous ne nous occuperons que du premier.

A cette heure matinale et avant que l'aube n'ait teinté de ses tons d'abord blafards, les coteaux du Mustapha et la vieille Casbah, encore endormis dans le calme d'une nuit sereine, éclairée seulement par les satellites de la voûte céleste, un grand remue-ménage se fait déjà entendre à la gare d'Alger, où les omnibus des hôtels et les voitures de place descendent les rampes qui y conduisent dans de sourds roulements de roues accompagnés des grincements des vitres qui dansent le pas échevelé du cahot des rues. Un grand va-et-vient de voyageurs se pressant dans la salle des pas perdus, produit une confusion et un brouhaha qui durent jusqu'au départ du train; la voix glapissante des portefaix indigènes, se disputant les valises et autres accessoires de voyage, se mêle aux réclamations des voyageurs qui se sentent débordés par une nuée de solliciteurs qui arrachent de leurs mains plutôt qu'ils ne les reçoivent, les *impedimenta* qui les accompagnent dans leur voyage, et dans ce tohu-bohu assourdissant, le timbre clair des employés de la Compagnie Paris-Lyon-Méditerranée répond avec cette assurance calme qui naît de l'habitude de leurs fonctions, aux multiples questions dont ils sont assaillis par les voyageurs.

Peu à peu, cependant, chacun prend sa place dans les voitures et se case le mieux qu'il peut dans les compartiments du train tout préparé et dont la machine sous pression fait entendre des clapotements de vapeur s'échappant dans une cadence régulière des soupapes de dégagement; une sorte d'accalmie se produit. C'est l'instant suprême où quelques retardataires — ainsi qu'il s'en trouve toujours — arrivent tout époumonés et, après avoir eu juste le temps de gagner le quai, se jettent dans les voitures du train en partance en poussant un gros soupir de satisfaction. Il n'était que temps, car une demi-minute s'est à peine écoulée que le coup de sifflet du chef de gare retentit, mettant aussitôt en mouvement la masse de fer qui s'ébranle dans le fracas des plaques tournantes. La silhouette sombre des véhicules formant le train se détache péniblement sur le sol encore plongé dans l'obscurité. Du planton [illegible] de la Caserne des Isolés, le capuchon rabattu profondément sur le visage, regarde d'un œil abattu et indifférent le lourd attelage qui passe.

À *Agha*, autre affluence de voyageurs se bousculant pour occuper, au premier arrivant, les rares places laissées vacantes au départ d'Alger, et le train se remet en marche, accélérant sa vitesse et laissant flotter derrière lui un épais panache de fumée qui se fond dans les dernières ombres de la nuit qui enveloppent Alger.

À *Hussein-Dey*, le jour commence à poindre, et en arrivant à *Maison-Carrée*, le soleil risque, en dehors de ses couvertures encore humides d'une rosée blanche, un petit bout de nez vermeil qui vaut un sourire. Chacun semble lui savoir gré de cette aimable apparition, et la gaieté paraît éclore avec le lever de l'astre du jour. Les conversations s'allument au disque solaire et tout le monde échange ses impressions sur l'immense et riche plaine de la Mitidja au milieu de laquelle nous roulons à raison de 50 kilomètres à l'heure, étalant comme dans une exposition les trésors dont elle semble si fière.

Nous arrivons bientôt au *Gué-de-Constantine*, dont le bois d'eucalyptus forme une riche et élégante bordure à la voie ferrée, et, dans sa course folle, entre deux rangées d'eucalyptus, le train nous conduit à *Birtouta*, dont le village, situé à plus d'un kilomètre de la gare, se voile derrière un bouquet d'arbres qui ne laisse percer que quelques taches rouges des toitures et quelques points blancs des façades des maisons ; puis, dans une ligne droite de plusieurs kilomètres de longueur et où la machine, dans de bruyants ronflements, développe toute l'action de son pouvoir de traction, nous volons sur Boufarick.

Boufarick, 5 minutes d'arrêt ! crient les conducteurs. Aussitôt une véritable avalanche de voyageurs se précipite comme un ouragan vers la buvette, fortement garnie d'affriolantes brioches escortées par un bataillon de bouteilles de vin blanc du cru. En un clin d'œil, la buvette est mise à sac et il ne reste plus que corbeilles vides et qu'un régiment de flacons aux flancs desséchés, lorsque le train se remet en marche.

Entre Boufarick et Beni-Méred, nous remarquons, sur la droite de la ligne, une magnifique propriété qui a pour nom : le *Camp d'Erlon*, et qui appartient à Mme veuve Porcellaga. Cette propriété renferme des souvenirs historiques de la conquête.

À *Beni-Méred*, notre attention est attirée par les lignes rectangulaires d'une colonne haute de 10 à 12 mètres. Ce monument a été élevé à la mémoire des glorieux de Beni-Méred, où le brave sergent Blandan, frappé mortellement, a illustré sa mort par une parole pleine d'un courage héroïque et sublime à la fois.

Blidah, 5 minutes d'arrêt. Un grand mouvement de voyageurs se produit : les uns se dirigent sur Médéah et attendent le départ du très coquet petit chemin de fer de l'Ouest-Algérien, les autres, et le plus grand nombre, s'arrêtant dans la ville des roses et des orangers en fleurs. Mais nous qui poursuivons notre route, nous descendons sur le quai de la gare, autant pour dégourdir nos jambes que pour prendre part, en observateurs silencieux, à ce va-et-vient général et qui donne à cette gare une animation toute particulière, et tandis que la machine, toute essoufflée encore, remplit les flancs de son tender de l'eau qui va bientôt se transformer en vapeur, nous croquons un croissant mouillé dans deux doigts d'un vin exquis et légèrement capiteux. Il serait superflu d'ajouter que ce vin si renommé est un des crus du pays.

Un refoulement de la machine se produit, accompagné d'une légère secousse, et le train se remet en marche, disparaissant d'abord dans une tranchée élevée, jusqu'au moment où il s'engage sur le pont métallique jeté sur la Chiffa, qui roule des eaux boueuses descendues des versants de l'Atlas.

La Chiffa, naguère si pleine d'activité, est aujourd'hui réduite à l'expression très simple d'une gare sans grand trafic, depuis l'ouverture de la ligne de Blidah à Berrouaghia ; car c'est par la Chiffa que s'effectuait, avant la construction de cette dernière ligne, tout le transit des voyageurs et marchandises à destination de la région Médéenne.

Puis vient *Mouzaïaville*, un centre excessivement riche et prospère et sur lequel nous reviendrons dans une autre description. Après c'est *El Affroun*, qui renferme en quelque sorte et dans un lacet qui va en se rétrécissant de plus en plus, le corset abondant en richesses de la plaine de la Mitidja. A partir de ce point, le paysage change; les coteaux broussailleux de l'Oued-Djer prennent la place de la riante campagne drapée de vert, et se dressent devant nous dans une maigre structure, ne laissant percevoir que les anémiques cultures des Arabes qui habitent ces montagnes. Par groupes se dessinent dans une tache grisâtre et émergeant parmi les touffes de bruyère ou d'oliviers sauvages, les sordides *gourbis* de ces nomades qui semblent vivre en dehors de toute civilisation. Quelques demi-douzaines de chèvres broutent paisiblement sous la garde plus paisible encore de *yaouleds* les pousses fraîches des arbustes en pleine végétation. Ce coin d'un pittoresque incompris de ses hôtes, nous procure l'agréable impression des sites sauvages empreints du plus profond romantisme.

La gare de l'*Oued-Djer*, perdue dans des massifs montagneux, et flanquée de deux ou trois cabanes en planches, où réside un nombre à peu près égal d'Européens et d'indigènes, n'est pas faite pour apporter quelque changement à l'aspect austère, dans son isolement, de ce pays où tout révèle l'absence complète du frottement civilisateur issu de la conquête.

Un, puis deux, puis trois tunnels se succèdent à de courts intervalles, crevant dans leur base les barrières que la nature a élevées comme à plaisir sur le tracé de la voie ferrée, semblant indiquer qu'au pied de ces montagnes devait s'arrêter l'action du conquérant, oubliant qu'avec ses armes il apportait un génie inventif qu'aucun obstacle n'eût été en mesure de rebuter. La trouée civilisatrice devait se faire jour de l'Est à l'Ouest, comme elle se fera dans un temps prochain du Nord au Sud.

Bou-Medfa. A quelques centaines de mètres avant l'arrivée, on ne voit que coteaux gris, s'élevant en gradins zébrés de rides qui plaident de partout l'absence de végétation. Seules, quelques maigres touffes de diss, éparses, tranchent d'une teinte d'un vert brûlé la cuirasse desséchée des mamelons qui font la haie sur le passage de l'Oued-Djer, dont les eaux s'écoulent en roulant leur bourbe sur les galets.

Mais en arrivant en gare, le décor change; c'est d'abord un petit bois d'eucalyptus, dont le parfum pénétrant imprègne l'atmosphère d'une âcreté qui n'est point désagréable; puis, dans l'échappée Ouest qui nous laisse entrevoir toute la vallée qui conduit à Hammam R'Irha, s'étendent de magnifiques vignobles, suivis par de belles étendues de céréales d'une vigoureuse venue, et enfin, à l'opposé et dans la direction de l'Est, se dresse, sur un plateau, le village de Bou-Medfa.

De Bou-Medfa à *Vesoul-Bénian* l'aspect demeure le même et, ici, la note grise domine encore davantage que dans la partie comprise entre l'Oued-Djer et Bou-Medfa. Le village distant de 7 kilomètres de la station n'est pas perceptible à la vue. On y arrive par un chemin zigzagant dans une succession de monticules pendant plus de 2 kilomètres, et ce n'est qu'après avoir rejoint la route départementale de Bou-Medfa à Miliana que l'on découvre les maisons de ce charmant petit village en majeure partie habité par des Francs-Comtois, à l'âme fière et au cœur bienveillant. Vous pouvez, sans crainte de jeûner, vous aventurer dans ce milieu hospitalier et, bien que vous ne soyez pas connu, vous trouverez toujours un couvert tout dressé et un lit pour vous recevoir.

Après avoir quitté la gare de Vesoul-Bénian, le train passe sur un viaduc du haut duquel nous apercevons, enfouies dans une pépinière d'eucalyptus, les maisons à la couverture écarlate de *Changarnier* (Oued-Djebouldj), puis la rampe s'accentue sans cesse jusqu'à l'entrée du tunnel d'Adelia, long de 2,1[illegible]3 mètres, et dont la traversée s'effectue dans une moyenne de cinq minutes. Immédiatement à la sortie se trouve la gare d'*Adelia*, encaissée entre deux panneaux montagneux qui livrent, avec une parcimonie digne d'un usurier, un étroit passage à la voie de fer. Deux ou trois diligences attendent la descente des voyageurs qui se rendent à Milianah, par une longue route en ruban sur laquelle nous aurons à revenir dans notre itinéraire à arrêts facultatifs.

Le train s'engouffre ensuite entre les deux barrières naturelles que nous venons de mentionner, glissant avec une rapidité vertigineuse dans la descente qui l'amène bientôt à *Affreville*. Encore 7 minutes d'arrêt. Il est onze heures et quart ; chacun se presse autour des tables du somptueux wagon-restaurant de la Compagnie internationale des wagons-lits.

Un plantureux déjeuner nous est servi, et c'est au milieu du cliquetis des fourchettes, du bruit des assiettes, que les garçons remuent, des plats en métal blanc qui s'entrechoquent et des flacons qu'on débouche avec la même gravité que s'il s'agissait de Château-Yquem que nous traversons les gares de *Lavarande, Littré* et *Duperré,* où le train ne s'est arrêté que durant la minute réglementaire. Nous pénétrons en plein cœur de la plaine du Chéliff, la reine des moissons, ainsi dénommée parce que la culture des céréales recouvre une superficie de plus de cent kilomètres en longueur sur une largeur qui varie de dix à vingt kilomètres. Les stations de *Kerba, Oued-Rouina, Attass, Temolga,* et jusqu'à *Orléansville,* en comprenant *Oued-Tosso, Le Barrage* et *Pontéba,* disparaissent au milieu de ces resplendissantes cultures offrant un spectacle unique et des plus réjouissants.

Orléansville. Nouvel arrêt de quelques minutes. Ce qui nous frappe tout d'abord en arrivant, c'est l'affluence relativement considérable de désœuvrés qui, pressés sur le quai de la gare, attendent le passage des deux trains d'Alger et d'Oran. Les plus frais minois se mêlent aux gais uniformes des officiers de chasseurs d'Afrique, et tous, dans un pêle-mêle charmant qui facilite bien des rapprochements, dévisagent d'un air qui trahit une impression de naïve curiosité chacun des voyageurs qui descendent de voiture ou qui simplement risquent leur tête par l'huis de la portière.

Nous qui, par métier, sommes curieux, nous prenons le parti d'interviewer un brave insulaire à la mine réjouie, et lui demandons à quel prestige surnaturel nous devons de voir toute la population d'Orléansville rassemblée sur les quais de la gare. A quoi notre aimable interlocuteur de répondre avec un sourire significatif :

« Que voulez-vous, c'est à peu près la seule distraction que nous ayions, et puis, ajouta-t-il avec une certaine pointe de malice, nous voyons parfois de si drôles de têtes dans le contingent des enfants de la blonde Albion, que cela seul serait très suffisant pour occuper nos loisirs et justifier notre présence sur les quais. »

Cette fine repartie ne manqua pas de nous mettre en joyeuse humeur, tout en constatant le manque réel de distraction en cette noble cité d'Orléansville.

Et le train reprit sa course échevelée, laissant tout ce monde enveloppé dans un large panache de fumée qui va en s'évanouissant sur les ailes d'un zéphyr caressant et doux.

Les gares de l'*Oued-Fly, Charron,* apparaissent et disparaissent entre deux coups de sifflet. Au *Werdja,* le train venant d'Oran attend notre arrivée pour se remettre en marche. La contrée présente toujours le même aspect, mais toujours agréable à la vue, de vastes espaces de terrains qui n'attendent plus que les chauds rayons du soleil pour dorer leur riche et abondante crinière de blés aux épis hérissés, et la faulx pour les tondre. Il en est de même de tout le parcours qui s'étend jusqu'à Relizane par les gares de *Oued-Riou, les Salines* et de la *Djidiouia.*

A *Relizane,* un très agréable fouillis de plantations qui s'avancent jusqu'aux confins de la gare et dans lesquelles l'oranger, le mandarinier et le citronnier, chargés de fruits, jettent une teinte d'or sur cette palette naturelle où le vert sombre domine, nous rappellent les magnifiques exploitations que nous avons admirées le matin entre Boufarick et Blide. A partir de Relizane, le roi Phœbus, qui nous a accompagné dans la plus grande partie du trajet, commence à nous fausser compagnie. Mais le monarque du jour, qui n'est ni de l'école, et encore moins de l'époque du Vert-Galant, son arrière-petit-fils, n'y regarde pas de si près et, d'ailleurs, il faut en convenir, sur cette terre africaine de toutes les libertés et où les cérémonies sont fort peu en usage, les adieux durent guère, un replis de terrain, un taillis bien fourré et bonsoir la compagnie !

Et alors, dans la nuit qui, peu à peu, étend son voile ténébreux, on n'aperçoit plus au travers des glaces des wagons, et que bientôt perle d'une buée opaque la rosée qui tombe en larges gouttes, que les faibles lumières des fermes qui s'effacent dans la rapide envolée du train qui marche à toute vapeur.

A l'appel des stations, qui se succèdent à de courts intervalles, répond seul l'écho de la voix du conducteur, clamant le nom des arrêts, et qui se répercute, en baissant le diapason dans le calme de la nature endormie. Ainsi défilent comme autant de points lumineux, perçant de leurs reflets éclatants l'obscurité de plus en plus croissante, les gares de *Perregaux*, *Saint-Denis-du-Sig* et *Sainte-Barbe-du-Thélat*, et nous arrivons peu après à Kargumtal, où le train fait majestueusement son entrée dans le grand fracas des plaques tournantes dont nos oreilles ont conservé le timbre au départ d'Alger.

Notice sur Oran.

Oran.

Population :	1830	4,000 habitants.	
	1848	23,000 »	
	1876	49,000 »	
	1881	60,600 »	
	1886	68,000 »	
	1891	75,000 »	
	1893	78,000 »	
dont :	Français		20,000
	Israélites		11,000
	Arabes		6,000
	Espagnols		32,000
	Marocains		3,000
	Diverses nationalités		6,000

1° Superficie de la ville en 1830 : 150 hectares.
— actuelle 500 »

Port le plus important de l'Algérie et le cinquième de la Métropole.

2° *Rues principales* : Rues d'Orléans, des Jardins, Philippe, de la Révolution, d'Arzew et des Casernes.

3° *Boulevards* : Malakoff, Seguin, National, Sébastopol, d'Iéna, Tulton et Marceau.

4° *Places* : de la République, Kléber, d'Armes, de l'Evêché et du Square.

5° *Monuments* : Cathédrale Saint-Louis, ancienne chapelle d'un couvent Saint-Bernard, tour à tour mosquée, chapelle et synagogue réédifiée en 1839. Douane, Chambre consulaire, Hôpital militaire, Hôtel de la Préfecture, Casernes du Château-Neuf, Saint-Philippe et

Casbah, Hôtel-de-ville monumental, Lycée admirablement situé sur un plateau dominant la mer, Gendarmerie, Tribunal civil, 7 groupes scolaires, Ecole normale, grande Mosquée arabe, Hôpital civil, Mont-de-Piété, Marchés couverts Bastrana et Karguentah, Musée inauguré en 1885, remarquable par la valeur des pierres épigraphiques de l'époque romaine et par les mosaïques romaines de Saint-Leu *(Portus magnus)* qui y sont déposées.

6° *Forts* : Château-Neuf, Lamoune, Saint-Grégoire, Ravin Blanc, Santon (situés sur la montagne de Mers-El-Kébir) et Canastel (situé sur le littoral près la Pointe des Aiguilles).

7° *Hôtels* : Continental, de l'Europe, de la Paix, de l'Univers, Victor, du Commerce.

8° *Commerce d'Oran* : Vins, bestiaux, alfa, grains, écorces, peaux, laines.

A signaler la belle promenade de Létang.

Comme on peut en juger, la population qui forme la majorité de la ville d'Oran est composée d'Espagnols; ceux-ci, en effet, représentent plus du tiers de l'élément français, aussi le commerce est-il en grande partie entre les mains des indigènes de la péninsule ibérique, population qui, d'ailleurs, s'est assimilée à nos idées, si ce n'est au point de vue de nos mœurs et coutumes, car il convient de faire ressortir que, tout en observant scrupuleusement la teneur de nos lois, les Espagnols de la cité oranaise n'ont rien perdu de leur tempérament, de leurs convictions et de leur sens naturel. Ils vivent au milieu de nous dans la plénitude de leurs us du pays natal, aussi n'est-on pas sans remarquer que la dominante de la ville d'Oran est plutôt un cachet espagnol qu'un assemblage français. Mais à part cette difformité dans une ville qui devrait être, pour ainsi dire, essentiellement française, rien ne laisserait supposer que notre autorité ne soit aussi prédominante que si son élément fût exclusivement français. Les rapports entre nos deux races respectives sont d'ailleurs étroitement liés par ce fait que les jeunes Espagnols nés dans notre colonie, font une année de service militaire dans l'armée française d'Afrique.

J. BOILLOT-ROBERT,
Directeur de l'Office des Etrangers, à Neuchâtel.

Edouard BOILLOT,
Officier d'Académie, à Alger.

LES TRANSPORTS MARITIMES

A cette époque de l'année où le soleil d'Algérie attire les personnes pour lesquelles la neige et le froid manquent de charmes, il importe de faire connaître aux voyageurs tous les moyens qui sont à leur disposition pour la traversée de la Méditerranée.

Tout le monde sait que les deux principales Compagnies sont : la *Compagnie Transatlantique* et celle des *Transports Maritimes*. L'une et l'autre méritent certes des éloges, mais s'il me fallait me prononcer en faveur de l'une d'elles, c'est la seconde que je désignerais.

Il faut avoir effectué un ou deux voyages sur les navires de la Compagnie des *Transports Maritimes* pour se rendre bien compte du confort que l'on y rencontre partout.

On y est moins entassé que sur les *Transatlantiques*, par conséquent mieux servi. On s'y trouve plus en famille, pour ainsi dire, et les trente-quatre ou trente-six heures que dure le voyage, s'écoulent avec d'autant plus de rapidité qu'on prélève sur ces trente-six heures deux nuits passées à bord.

Je prévois une objection : trente-six heures alors que les *Transatlantiques* ne mettent que vingt-six ou vingt-sept heures?

C'est juste, mais qu'importent quelques heures de plus si, sur un navire mieux fait pour supporter la tempête, vous êtes en pleine sécurité et beaucoup moins roulé.

Il est certain que la rapidité avec laquelle le *Transatlantique* fend les flots, lui imprime, en raison directe de sa vitesse, des secousses moins perceptibles sur un navire plus pesamment chargé de marchandises et s'avançant avec plus de modération.

Je ne voudrais pas, dans cette comparaison entre deux Compagnies qui se font la concurrence la plus courtoise, paraître être animé d'un esprit de parti et attaquer injustement l'organisation à bord de ces grands et superbes bâtiments qui s'appellent la *Ville d'Alger*, le *Duc de Bragance* ou le *Maréchal Bugeaud*. Mais ce que j'affirme avec toutes les personnes qui ont pu apprécier l'une et l'autre Compagnie, c'est que le service de table est fait d'une façon supérieure aux *Transports Maritimes* ; c'est qu'on y rencontre un personnel trié sur le volet ; c'est que les cabines y sont larges, bien aménagées, bien aérées. Quant aux directions, à Marseille comme à Alger, elles s'empressent avec le zèle le plus louable d'accorder aux voyageurs toutes les satisfactions qu'ils réclament et d'aplanir les difficultés qui peuvent se présenter.

Une des attractions du voyage est la vue des îles Baléares. Tandis que les *Transatlantiques* passent entre les îles, la nuit durant, les bateaux des *Transports Maritimes* les côtoient pendant la journée. De sorte qu'on aperçoit jusqu'au soleil couchant le merveilleux panorama des montagnes de Mayorque se dressant à pic sur la mer, ou encore la délicieuse petite ville de Minorque avec ses églises, ses maisons blanches, ses innombrables moulins à vent et sa pointe qui marque la limite du golfe du Lion.

En cas de grosse tempête, ces îles avec leurs ports pouvant donner refuge aux navires semblent ajouter encore à la sécurité de la traversée.

A prix égal, je préfère, je l'avoue, voyager à bord des *Transports Maritimes*, mais si je rappelle que le prix du passage y est juste de moitié moins cher? Que pour *cinquante francs*, en première classe, on peut aller d'Alger à Marseille et vice-versa, si j'ajoute que des réductions considérables sont consenties aux familles, je croirai avoir rendu beaucoup plus service à mes lecteurs en leur faisant ressortir tous les avantages qu'ils peuvent se procurer, qu'à la *Compagnie des Transports Maritimes* elle-même, en disant ce qu'elle vaut.

CHEMINS DE FER PARIS-LYON-MÉDITERRANÉE

ALGÉRIE-TUNISIE

VOYAGES A ITINÉRAIRES FIXES

La Compagnie P.-L.-M. délivre des billets de voyageurs à itinéraires fixes extrêmement variés permettant de visiter les parties les plus intéressantes de l'Algérie et de la Tunisie, dont la nomenclature complète est publiée dans le **Livret-Guide Officiel P.-L.-M.**, qui est mis en vente au prix de **0,40** dans les principales gares du réseau.

EXEMPLE DE CES VOYAGES – ITINÉRAIRE 81

Durée du voyage : 90 jours. — Prix des billets : 1re classe : **280 fr.** ; 2e classe : **210 fr.**

Les billets de cet itinéraire permettent aux voyageurs de se rendre de Paris à l'un quelconque des ports algériens suivants : **Alger, Oran, Philippeville, Bône, Nemours, Arzew, Mostaganem, Dellys, Bougie, Djidjelli, Collo** et **La Calle**, et de revenir de l'un quelconque de ces ports à Paris.

Les voyageurs qui veulent, au retour, partir d'un port autre que celui auquel ils ont débarqué, doivent effectuer, à leur frais, le trajet entre ces deux ports.

Sur le réseau P.-L.-M. les voyageurs ont à leur disposition les trois itinéraires suivants pour effectuer le parcours de **Paris à Marseille** et celui de **Marseille à Paris**.

1° Viâ **Dijon-Lyon-Valence** ; 2° Viâ **Nevers-Clermont-Ferrand-Nîmes** ; 3° **Nevers-Saint-Germain-des-Fossés-Tarare-Lyon-Valence.** Ils peuvent, à leur gré, suivre l'un de ces itinéraires à l'aller et au retour, ou bien passer par l'un à l'aller et par l'un des deux autres au retour.

Les mêmes billets sont délivrés à destination de **Tunis** moyennant un supplément de prix de **50 fr.** en 1re classe et de **40 fr.** en 2e classe.

ALGÉRIE-TUNISIE

VOYAGES A ITINÉRAIRES FACULTATIFS

Il est délivré pendant toute l'année des billets de toutes classes pour effectuer des voyages pouvant comporter des parcours sur les sept grands réseaux français, sur les réseaux algériens et tunisiens, ainsi que sur les lignes maritimes desservies par la Compagnie générale transatlantique.

Ces voyages, dont les itinéraires sont établis à l'avance par les voyageurs eux-mêmes, doivent comporter, en même temps que des parcours français sur un ou plusieurs réseaux, soit des parcours maritimes, soit des parcours maritimes et algériens ou tunisiens ; les parcours sur les réseaux français doivent être de 300 kilomètres au moins ou être comptés pour 300 kilomètres.

Les itinéraires doivent ramener les voyageurs à leur point de départ.

Arrêts facultatifs à toutes les gares du parcours. **Validité : 90 jours,** avec faculté de prolongation d'une, deux ou trois périodes de **30 jours,** moyennant le paiement d'un supplément de 10 % pour chaque période.

EXEMPLE D'UN DE CES VOYAGES AU DÉPART DE PARIS

Durée du voyage : **90 jours,** avec faculté de prolongation.

PRIX DES BILLETS

1re classe : **419 fr. 65** ; 2e classe : **321 fr. 35** ; 3e classe : **219 fr. 75**.

Ce voyage est donné ici à titre d'exemple seulement et peut être modifié, au gré du voyageur, dans la mesure des conditions attachées à ces sortes de billets.

Consulter le **Livret-Guide Officiel P.-L.-M.** mis en vente dans les principales gares au prix de **0 fr. 40 centimes.**

CHEMINS DE FER PARIS-LYON-MÉDITERRANÉE

VOITURES A COULOIR

(Toilette et W. C.)

DE PREMIÈRE & DEUXIÈME CLASSE

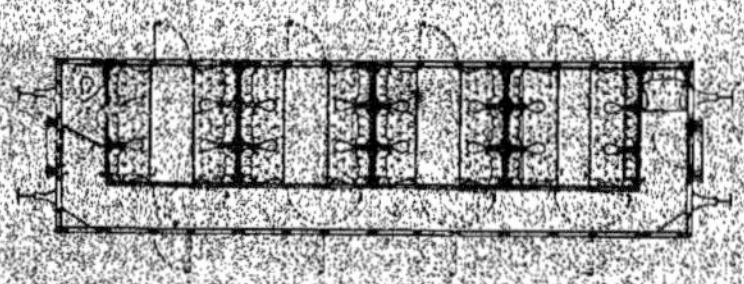

OBSERVATIONS

LES TRAINS RAPIDES & EXPRESS

DE

PARIS A MARSEILLE

comportent des voitures de ce modèle

LES VOYAGEURS Y SONT REÇUS

SANS SUPPLÉMENT DE PRIX

Train composé de voitures à couloir communiquant entre elles.

Services directs entre Paris, l'Algérie, la Tunisie, la Corse et Malte

Par Marseille et les paquebots de la Compagnie Générale Transatlantique

BILLETS DIRECTS VALABLES 15 JOURS

DE PARIS AUX PORTS CI-APRÈS ou vice-versa	PRIX DES BILLETS 1re classe		2e classe	
	Fr.	C.	Fr.	C.
Alger, Oran, Bône, Philippeville, Dellys, Bougie, Djidjelly, Collo, La Calle, Mostaganem, Arzew, Nemours	197	—	135	50
Tunis	222	—	160	50
Malte (La Valette)	287	—	200	50
Corse (Ajaccio)	185	—	93	50

Les prix de ces billets comprennent la nourriture à bord des paquebots de la Compagnie Générale Transatlantique.

En ce qui concerne les jours et heures de départ de Marseille, consulter les Agences de la Compagnie Transatlantique : à Paris, 12, boulevard des Capucines (Grand-Hôtel) ; à Marseille, 12, rue de la République.

CHEMINS DE FER PARIS-LYON-MÉDITERRANÉE

SUPPLÉMENT PAR PLACE
de lit-salon, en sus de la 1re classe

TRAINS EXPRESS
Paris à Marseille
27 Fr.

SUPPLÉMENT PAR PLACE
de lit-salon, en sus de la 1re classe

TRAINS RAPIDES
Paris à Marseille
45 Fr.

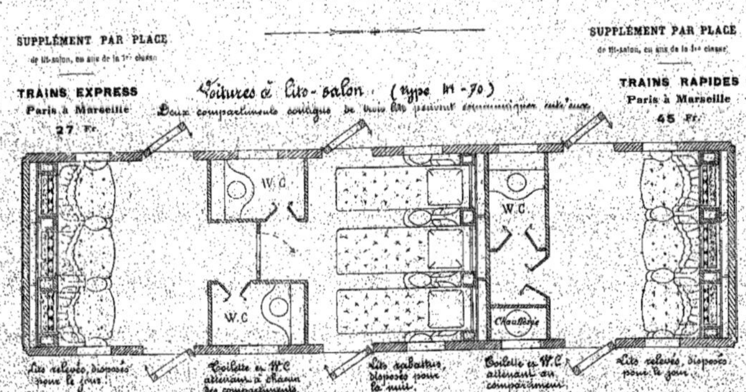

Voitures à lits-salon. (type M-70)
Deux compartiments contigus de trois lits peuvent communiquer entre eux.

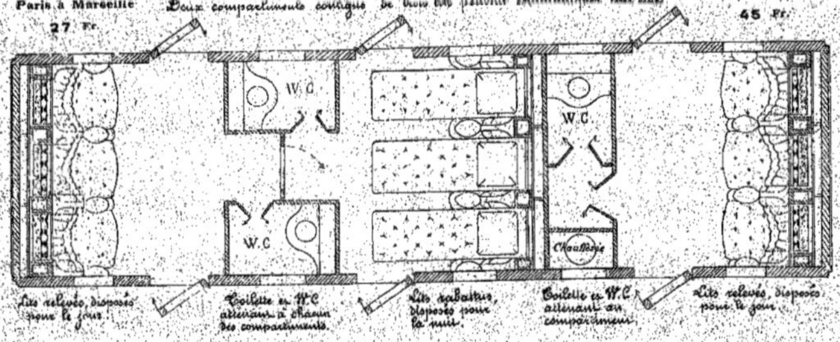

TARIF DES VOITURES PUBLIQUES

Applicable dans les communes d'Alger, Mustapha, Saint-Eugène, El-Biar, Bouzaréah, Birmandreïs, Kouba, Hussein-Dey et Maison-Carrée.

VOITURES DE PLACE POUR QUATRE PERSONNES

A la journée.

	fr. c.
La journée de 12 heures	20 —
La demi-journée de 6 heures	11 —

A l'heure

Y compris le temps de stationnement.

Alger (partie basse) jusqu'à l'avenue Gandillot et la rue Papin	2 —
Alger (partie haute) : Les Tagarins, Climat de France, Cimetière de Saint-Eugène (jusqu'au Plateau), Mustapha-Inférieur, Fontaine-Bleue, Jardin d'Essai, le Ruisseau, Agha-Supérieur (jusqu'à la Station-Sanitaire, Hussein-Dey, Pointe-Pescade	2 40
Notre-Dame-d'Afrique, Vallée des Consuls, Mustapha-Supérieur, El-Biar, Bouzaréah, Village d'Isly, Cimetière de Mustapha, Bois de Boulogne, Dély-Ibrahim, El-Achour, Birmandreïs, Birkadem, Saoula, Kouba, Maison-Carrée, Guyotville	3 —

L'heure est divisible par quart, excepté la première heure toujours due en entier. Elle commence au départ du point de stationnement ou du lieu où la voiture a été rencontrée, soit par le voyageur, soit par la personne l'ayant requise pour le compte de ce dernier.

Toute voiture à l'heure quittée hors de la ville a droit à une indemnité de 25 centimes par chaque kilomètre restant à parcourir pour y rentrer. Cette indemnité, toutefois, ne sera pas due si la voiture a été occupée moins d'une demi-heure.

A la Course

Aller et retour avec faculté d'arrêt pour le voyageur, moyennant une indemnité de 50 centimes par quart d'heure de stationnement.

	fr. c.
Alger (partie basse) jusqu'à l'avenue Gandillot et à la rue Papin	1 —
Agha-Supérieur, Gare et Bains de l'Agha, Cité-Bugeaud, Hôpital du Dey	1 25
Alger (partie moyenne) jusqu'à la Cité-Bisch, le numéro 44 de la Rampe Valée, Cimetière, Climat de France, Pont du Beau Fraisier	1 50
Alger (partie haute), Saint-Eugène, troisième kilomètre du chemin du Sacré-Cœur, Hôpital de Mustapha, Abattoir, Tournant de Bellecour, Villa Foa	2 —
Village d'Isly, Palais de Mustapha, Palais d'été du Gouverneur, Saint-Eugène, quatrième kilomètre, l'Ermitage	2 50
Jardin d'Essai, Mustapha-Supérieur église, chemin des Aqueducs jusqu'à la route de Mustapha, Saint-Eugène, 5me kilomètre	3 —
Ruisseau, Hussein-Dey, Fond du Frais-Vallon, Colonne-Voirol, Pointe-Pescade	3 50
El-Biar, mairie, Hussein-Dey, 7me kilomètre	4 —
Notre-Dame-d'Afrique, Château-Neuf	4 50
Séminaire de Saint-Eugène, tour par El-Biar et la Colonne, Birmandreïs, Kouba	5 50
Ben-Aknoun, Vieux-Kouba	6 —
Bouzaréah (place du Village), Cimetière Européen de Mustapha	6 —
Maison-Carrée	6 50
Bouzaréah avec retour par le chemin des Carrières	7 —

Dispositions réglementaires communes aux voitures de place, prises à la journée, à la demi-journée, à l'heure et à la course.

Pour 5 personnes, les prix sont augmentés d'un quart, sauf ceux de stationnement.

Toute personne qui après avoir fait venir une voiture à domicile pour charger, à Alger, la congédie sans s'en être servie, doit au cocher le prix du temps qui lui a fait perdre (*minimum*) une demi-heure.

La voiture doit marcher à raison de 10 kilomètres à l'heure en plaine et 7 kilomètres en montée, avec un arrêt de un quart, après chaque 10 kilomètres.

Les cochers sont tenus de marcher à toute réquisition au prix du tarif quelque soit le rang que leurs voitures occuperont sur la station.

Après 11 heures du soir, tous les prix ci-dessus sont augmentés de moitié.

Ensuite du tarif. — Les enterrements d'Alger à Saint-Eugène	4 50
Enterrements Cimetière de Mustapha	6 50

N. B. — Les personnes qui feront directement les commandes au bureau ou par téléphone bénéficieront d'une réduction de 10 % à partir de 10 francs et au-dessus. On trouve également dans le même bureau des voitures et cadres capitonnés pour les déménagements en ville, intérieur et étranger, ainsi qu'un matériel pour toutes espèces de transports tenus par M. MICHEL.

www.ingramcontent.com/pod-product-compliance
Ingram Content Group UK Ltd.
Pitfield, Milton Keynes, MK11 3LW, UK
UKHW021736090726
13657UKWH00002B/745

9 782019 957698